발표와 토론을 위한 **성공 스피치와 리더십**

전명남 지음

창지사

:: 머리말

20세기와 21세기 한국 교육의 차이는 토의와 토론, 발표와 리더십 그리고 봉사를 강조하는 데 있을 것으로 예상됩니다. 선진국에서는 초·중등학교에서부터 이를 일상생활에 적용하는 교육을 하는 추세이며, 우리나라에서도 점차 전체 교육으로 확산될 것으로 고려됩니다. 『발표와 토론을 위한 성공스피치와 리더십』은 인문사회적 소양이라 할 수 있는 말하기와 발표, 토의와 토론, 리더십 키우기를 주요 내용으로 포함하고 있습니다. 고대 그리스와 로마 시대부터 스피치와 리더십은 잘 교육받은 사람이 갖추어야 할 핵심능력으로 인정되어 왔습니다. 자신의 생각과 느낌을 효과적으로 전달하고 설득하며 감흥을 불러일으키도록 만드는 발표·질문·토의의 능력을 기르는 것은 대학은 물론 사회생활과 이후의 생활에 도움이 되는 기술입니다. 듣고 있는 내용에 대해 조사하고 다른 사람들 앞에서 질문·발표·토의하는 것은 짧은 시간에 많은 정보를 처리하고 합리적 행위를 하며 바람직한 의사결정을 해야 하는 현대인들에게 점점 더 중요한 일이 되고 있습니다.

이 책은 스피치 교육의 기본이 되는 말하기 방법부터, 면접 발표에 이르기까지 리더십 증진 프로그램을 포함시키고, 역사적 리더들에 대한 다양한 모델 읽기를 통해 리더십의 핵심 역량이 되는 읽기, 글쓰기 및 발표 나누기가 이루어질 수 있는 교육을 하기 위해 썼습니다. 또한 교육내용을 대학 졸업 후 요구되는 다양한 토의와 토론 방법을 학습할 수 있도록 구성하였습니다. 의회식 토론, 대학생 국가 토론 토너먼트, 모의 유엔을 경험할 수 있고, 토의와 토론에서 요구되는 기법과 사고 기술 및 창의적 문제해결 활동을 포함하였습니다.

청소년과 대학생들이 급변하는 사회 상황에서 리더십 개발을 해야 하는 이유는 개인적인 삶의 질은 물론 함께 살고 있는 공동체적 삶의 질을 높이기 위해서입니다. 비전을 가지며 목표를 설정하고 자기관리와 시간관리를 포함한 셀프리더십(self leadership) 개발과 다른 사람과 상호 호혜적 관계 맺기를 통해 자신과 타인에게 유익한 결과를 창출해 낼 수 있게 됩니다. 그러나 현재와 미래에 부딪치게 될 문제들은 단순히 한 명의 리더와 구성원만으로 해결되기 어려울 만큼 복잡해지고 어려워지고 있습니다. 이러한 문제들에 부딪쳐서 좋은 해결안을 만들어 내고 함께 더 좋은 상황을 도출해 내기 위해서는 한 사람 한 사람이 리더십을 개발해 낼 수 있어야 합니다.

개인적으로 저자는 정부에서 지원하는 2008년 인문사회 영재교육 프로그램 개발에 참여하여 스피치를 위한 아나운싱 기법 개발, 토의와 토론, 리더십 개발 방법을 연구하게 될 기회를 가지게 되었습니다. 이때 '성공스피치와 리더십' 교육이 보다 전인(全人)교육에 기여하면서도 창의적이고 비판적인 고차적 사고능력 개발에 중요하다는 생각을 하게 되었습니다. 또한 2006년에 쓴『토의식 교수법, 토론식 학습법』책이 절판되어 학생들이 구할 수 없게 되어, 이를 바탕으로 교육에 보다 필요한 내용들을 묶어 쓰게 되었습니다. 이 책은 한 학기 동안 발표와 토론을 포함한 스피치와 리더십 교육 관련 강의에 직접 활용하기 위해 썼습니다. 현장 활용도를 높이기 위해 내용을 총 12장으로 구성하였으며, 교육 활동을 포함함으로 수업시간에 활용할 수 있도록 했습니다. 모쪼록 책의 내용과 활동이 발표와 토론 및 리더십 향상을 원하는 모든 학생들에게 지식과 지혜를 줄 수 있기를 바랍니다.

이 책의 출판은 관심 있는 주변 분들의 도움으로 가능했습니다. 선·후학님들의 학문적 탐구와 노력에 도움을 많이 받았습니다. 특히, 도서출판 창지사의 적극적 지원이 없었다면 빛을 보기 어려웠을 것입니다. 지면을 빌어 감사드립니다.

2013. 7. 17

삼성 캠퍼스 연구실에서

저자

차례

CHAPTER 01

스피치의 이해

고등교육을 받은 사람에게 요구되는 주요 능력 중의 하나는 '스피치를 통한 표현'이다. 인간은 경험을 통해 사고를 하며 이 경험을 성찰하고 처리하는 방식으로 설명과 표현을 사용한다. 설명(explanation)은 분류하고, 개념화하고 경험으로부터 이론을 구축하는 양식이다. 표현(expression)은 사람들이 경험에 능동적으로 관련되어 의미를 창출하고 의사소통하도록 해 준다.

서양에서는 그리스·로마 시대부터 '무기'로 적을 죽이는 전쟁과 '말'로 상대방을 설복하는 전쟁이 똑같이 취급되었다(안재원 편역, 2006). 고대에서부터 중등교육과 고등교육에서 '무슨 말을 어떻게 해야 하는가'에 대한 말하기 교육을 해 온 것이다. 스피치는 연습과 교육에 의해 발달될 수 있다. 그리스 시대의 '로고스(logos)'에 대한 설명을 보면, 로고스는 이성인 동시에 말이며 문화의 창조자이며 유지자로 나와 있다. 말을 뜻하는 이 로고스를 조절하여 균형있게 사용하는 것을 교양(paideia)있는 것으로 여겨 왔던 것이다.

현대로 오면서 공식적 스피치의 여러 가지 형태가 발달되어 왔다. 일반적인 대화에서의 의사소통은 물론이고 설득, 구두 발표, 파워포인트나 프레지(Prezi)와 같은 도구를 활용한 프레젠테이션, 의회식 토론, 토론 토너먼트, 토의, 모의 유엔에의 참여 등과 같이 그 유형이 다양해지고 있다. 이러한 말하기는 삶의 경험과 사고와 실제 사이에 의미 있는 연결을 할 수 있는 기회를 제공한다.

따라서 다양한 실제 상황에 접하여 관심사를 탐색하고 경험을 하며, 말하기를 창조하며 자기의 용어로 의미화하고, 개념 변화를 겪는 방식의 '성찰적 스피치(reflective speech)'가 요구된다. 성찰(reflection)은 개인의 능동적인 시도를 통해 더욱 자유로운 상태의 사고와 행동을 만드는 효과를 가지는데, Kemmis(1985)는 성찰을 "하나의 사회적 과정, 인간의 관심사에 기여하며, 하나의 정치적 과정, 그리고 우리가 의사소통하고, 의사결정하며 사회적 행위를 하는 데에 참여하는 방식으로 사회적 삶을 재구성하는 우리의 힘을 표현하는 하나의 실재(p.140)"라고 주장한다. 성찰에 대한 문헌을 검토했던 Moon(1999)은 "성찰은 목적을 가지는 하나의 정신적 처리의 형식이거나, 명백한 해결책이 없는 상황에서 비교적 복잡하거나 비구조화된 아이디어에 적용되는 하나의 예상된 결과로 보인다"고 결론짓고 있다.

'성찰적 스피치'는 크게 기술적 스피치, 실제적 스피치, 비판적 스피치로 나누어 볼 수 있다. 이는 Kemmis(1985)의 성찰에 대한 관점과 연관되어 있다. 그는 성찰적 활동의 유형을 세 가지 사고의 유형에 연계짓고 있다. 즉, 기술적, 실제적 및 비판적 사고이다. '기술적 추론(technical reasoning)'은 안정적 환경에서 구체적인 기술의 적용에 초점을 맞춘다. '실제적 추론(practical reasoning)'은 상황을 고려한 총제적인 접근을 포함한다. '비판적 사고(critical thinking)'는 가장 복잡한 수준으로 하나의 사상에 연관해서 사회적·역사적 맥락을 요구하는 대화적 접근을 취한다. 성찰적 스피치는 기술적 스피치에서 실제적 스피치를 넘어 비판적 스피치로 갈수록 보다 대화적인 형태를 취한다.

'성찰적 스피치'는 말하는 개인이 내용에 대해 상황과 역사를 고려하여 이해하는 데에서 출발하고, 더 나아가 개인의 말하기가 사회·문화적 맥락을 통해 다시 새롭게 변화하는 것을 고려하며, 궁극적으로는 개인의 말하기가 사회·문화적 맥락을 변화시키는 수준까지를 포함한다. 성찰적 스피치를 할 수 있는 교양 있는 사람이 되기 위해서는 상황을 이해하고 말하는 행위와 그 행위에 대한 성찰의 반복 순환적인 경험이 요구된다. 행위에 대한 성찰을 통해 보다 나은 말하기 학습이 일어나는 것이다. 이러한 성찰적 스피치는 말하는 사람의 '의식적 반영(conscious reflection)', '비판(criticism)', '행위(action)'를 통해 가능하다. 용어, 상세사항, 말하기의 순서와 과정, 상황에서 개념 간의 관계의 이해, 내적으로 불편함을 느끼기, 사고와 감정의 불일치, 새로운 연합, 통합, 새로운 조망의 출현 등이 이러한 성찰적 스피치에 나타난다. 이러한 성찰적 스피치는 하나의 상황이 이전 상황과 다소 차이가 있고 보다 발전된 생각을 지지해 주는 환경에서 쉽게 일어날 수 있다. 성찰적 스피치는 정신적 과정이라기보다는 삶의 활동에 대한 하나의 태세이다.

명심보감 18: 언어편(−言語篇)

劉會曰 言不中理 不如不言(유회왈 언부중리 부여부언)
유회가 말하기를, "말이 이치에 맞지 않으면, 말하지 아니함만 못하느니라."고 하셨다.

一言不中 千語無用(일언부중 천어무용)
한마디 말이 맞지 않으면 천 마디 말이 쓸데없느니라.

君平曰 口舌者 禍患之門 滅身之斧也(군평왈 구설자 화환지문 멸신지부야)
군평이 말하기를, "입과 혀는 화(禍)와 근심의 근본이며, 몸을 망하게 하는 도끼와 같은 것이니 말을 삼가야 할지니라."고 하셨다.

利人之言 煖如綿絮 傷人之語 利如荊棘 一言半句 重値千金 一語傷人 痛如刀割
(이인지언 난여면서 상인지어 이여형극 일언반구 중치천김 일어상인 통여도할)
사람을 이롭게 하는 말은 따뜻하기가 솜과 같고 사람을 상하게 하는 말은 날카롭기가 가시 같아서 한 마디 말이 무겁기가 천금과 같고 한 마디 말이 사람을 중상함은 아프기가 칼로 베는 것과 같으니라.

口是傷人斧 言是割舌刀 閉口深藏舌 安身處處牢(구시상인부 언시할설도 폐구심장설 안신처처뢰)
입은 사람을 상하게 하는 도끼요, 말은 혀를 베는 칼이니, 입을 막고 혀를 깊이 감추면 몸이 어느 곳에 있어도 편안할 것이니라.

逢人且說三分話 未可全抛一片心 不怕虎生三個口 只恐人情兩樣心
(봉인차설삼분화 미가전포일편심 부파호생삼개구 지공인정양양심)
사람을 만나거든 말을 삼분(三分)하여 하되, 자기가 지니고 있는 한 조각 마음을 다 버리지 말지니 호랑이의 세 입을 두려워하지 말고, 오직 사람의 두 마음을 두려워할지니라.

酒逢知己千鍾少 話不投機一句多(주봉지기천종소 화부투기일구다)
술은 나를 잘 아는 친구를 만나면 천 잔도 적고, 말은 뜻이 맞지 않으면 한 마디도 많으니라.

(출처: 명심보감)

1. 감성 스피치와 말의 힘

말(speech)은 인간이 만들어 낸 문명이며 그 증거이다. "말 한마디로 천 냥 빚을 갚는다", "세 치 혀가 백만 군사보다 강하다"는 말의 힘을 잘 표현해 주고 있다. 개인적 의사표현에서 그치는 경우도 있지만 한 국가의 역사가 바뀌게 되는 경우도 있다(Moriarty, 2003). 말은 사람과 사람을 연결해 주는 역할을 하며, 상대방을 배려하고 보다 나은 상황으로 이끄는 말은 삶의 질을 높여 준다. 그래서 고대 그리스와 로마의 교육에서 말하기와 리더십 개발의 '수사학(rhetoric)' 은 성장기에 공부해야 할 핵심 내용이었다. 플라톤(Plato)은 "수사학은 사람들의 마음을 지배하는 기술이다"라고 하였다.

그러나 "웅변은 은이요 침묵은 금이다(Speech is silver, silence is gold)" 는 속담이나 '남아일언중천금(男兒一語重天金)' 등도 회자 되고 있는데 이는 말을 많이 하여 설화(舌禍)를 방지해야 한다는 입장이다. '시간을 잘 맞춘 침묵이 말보다 더 좋은 웅변이다' 라고 하여 다른 사람의 말을 경청하고 시기적절하게 말하는 것이 중요하다는 점이 인식되고 있는 것이다.

일찍이 칼라일(Thomas Carlyle, 1795~1881)은 "웅변은 은이요. 침묵은 금이다"라는 속담과 상통되는 말을 하였다. 그는 침묵은 말보다 웅변적(Silence is more eloquent than words.)이라고 하였으며, 이외에도 "침묵은 자기 자신을 위대한 일에 적응시키는 요소다"라고도 했다.

스피치, 즉 말을 잘하려면 말의 원칙과 방법에 대해 이해하여야 한다. 운동연습을 하여 운동을 잘하게 되듯이 말하기의 연습과 훈련은 더욱더 말을 잘 할 수 있도록 돕는다. 다른 사람의 말을 들어 줄 자세가 되어 있고 이를 통해 새로운 경험으로 자신을 발전시키며 상황에 적절한 말을 하여 상대방과 공감대를 형성해 낸다면 일상의 대화는 물론 공식적인 발표에도 나아갈 수 있다. 스피치를 잘하기 위해서는 우선 적극적인 경청이 필요하다. 또한 말하는 순서와 양을 조절하여야 한다. 더 중요한 것은 듣는 사람이 분명히 알아들을 수 있도록 말한다. 부가해서 신체적 표현을 활용하여 말하면 그 효과를 증대시킬 수 있다.

이제 스피치의 학습은 기본적인 의사소통 능력을 기르는 것뿐만 아니라 비판적 사고와 창의적 문제해결력을 기르고, 인지적 추론 능력과 삶의 지혜를 발휘할 수 있도록 하는 데 필요한 것으로 여겨지고 있다. 또한 현대를 살아가는 사람들이 민주주의나 자유의 문화 메이커(cultural maker)가 될 수 있도록 하는 데도 기여할 것이다. 현재보다 더 나은 다음의 스피치 문화를 창조하는 것은 개인 혼자서 이루는 것보다는 다른 사람들과 함께 공을 들이는 데서 시작하며, 이렇게 만들어지는 것이 미래의 스피치 문화가 될 것이다.

2. 언어적 메시지와 비언어적 메시지

커뮤니케이션 분야를 오랫동안 연구해 온 캘리포니아 대학의 머라비언(Mehrabian) 교수는 처음 사람들이 만났을 때 받는 첫인상을 결정하는 요인을 분석한 바 있다. 말하는 사람의 의미 전달이 7%는 언어적 메시지인 실제적인 '말' 을 통해서 이루어지고, 38%는 '말하는 방식(paralinguistic)' , 55%는 '얼굴 표정(facial expression)' 을 통해서라고 주장했다. 이는 시각적 스타일이나 표현, 음성 톤 등의 비언어적 메시지가 가지는 힘의 중요성을 보여주고 있다.

제스처(gestures)는 여러 가지 의미를 가지는 것으로 알려져 있다. Kendon (1982)은 제스처를 몸짓(gesticulation), 팬터마임(pantomime)[1], 상징화(emblem), 신호 언어(sign language)로 설명하고 있다.

따라서 언어적 메시지를 잘 전달하기 위해서는 말하고자 하는 내용을 효과적으로 전달할 수 있는 표정과 몸짓을 활용해야 한다. 말할 때 활용하는 비언

1) 무언극, 몸짓을 통해 하는 연속적 이야기를 가리킨다.

어적 메시지로 의사전달 효과를 극대화할 수 있는 제스처나 미소 등은 바람직하지만, 다리를 떨거나 손을 비빈다거나, 자신의 코나 턱을 만지작거린다거나, 목을 흔들어 대는 등의 말하는 내용과 관계없는 행동은 나쁜 습관이어서 바람직하지 않다.

3. 듣기와 적극적 경청: 경청 기술

말이 진행될 때는 진지한 태도로 끝까지 듣는다. 메모하면서 듣는 것도 좋은 습관이다. 언어적 의사소통(verbal communication)에서 '듣기(listening)'가 차지하는 비율은 간과되어 왔었다. 평균적으로 언어적 의사소통에서 듣기가 차지하는 비율은 40%로 다른 말하기, 읽기, 쓰기보다 월등히 높다.

듣기는 말하는 사람으로부터 정보를 받아들이는 것이고, 의사소통이 계속 이루어지도록 말하는 사람을 인정해 주는 것이며 제한되기는 하나 아이디어가 한 발자국 더 나아갈 수 있도록 말하는 사람의 반응을 격려하는 것이다. 이러한 듣기의 개념은 의사소통 과정에서 듣는 사람의 책임을 강조하고 있다. 정보를 이야기하는 하나의 방법으로서의 듣기는 읽기와 쓰기가 병합된 것보다 많이 사용되고 있다. 그럼에도 불구하고 우리는 효과적으로 듣는 방법에 관심을 덜 기울여 왔다(Burley-Allen, 1982).

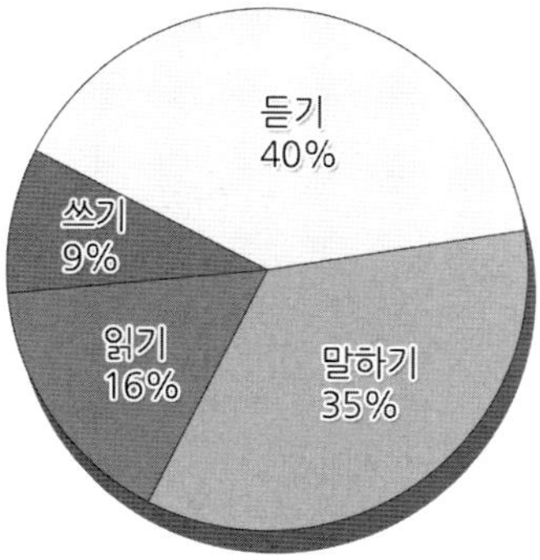

[그림 1-1] **언어적 의사소통에서 듣기가 차지하는 비중**

모모

모모(한민희 역, 1999)라는 작은 소녀가 마을 외곽에 살게 되었는데, 시간이 흐르면서 어느 틈엔가 마을 사람들에게 없어서는 안 되는 소중한 사람이 되어 버린다. 마을 사람들 가운데 모모를 모르는 사람들이 있거나 힘들어하는 사람이 있으면 모두들 모모에게 가보라고 추천해 주곤 했다. 모모는 무엇을 마을 사람들에게 해 주었을까? 모모는 진심을 담아 다른 사람의 말에 귀를 기울여 들어 주었다. 따스한 마음을 가지고 찾아오는 사람들의 이야기를 들어 주었다. 무엇을 해야 할지 모르는 사람들, 수줍음 많은 사람들, 불행한 사람들이 모모를 찾아와 말을 하다가 보면 자신들이 위로를 얻고 혜안을 얻어가게 되었던 것이다.

적극적 경청은 말하는 사람의 비언어와 언어적 메시지 모두를 주의 깊게 듣는 것을 가리킨다. 적극적 경청 시에 상대방의 요구와 기대에 특히 주목하여 경청한다. 또한 경청하고 있음을 말하는 사람에게 전달해야 한다. 적극적 경청은 말하는 사람과 듣는 사람 간의 우호적인 관계 형성을 위한 기반이 될 수 있다.

적극적 경청을 통해, 열린 마음으로 말하는 사람의 이야기를 내용과 내용에 포함되지 않은 뉘앙스까지 읽어내고 끝까지 듣는다. 상대방의 이야기가 길어지면 집중력이 약해져서 건성으로 듣게 되는 경우도 많다. 다른 사람의 말을 들을 때 간략한 메모를 하면서 듣는 것도 방법이다. 말하는 내용을 주장하는 바와 그 근거를 구분하면서 듣는 것도 제대로 듣는 방법이다. 적극적 경청이 이루어지기 위해서 가장 중요한 것은 진실된 마음으로 듣는 것이다.

▮ 적극적 경청의 방법 ▮

물리적으로나 심리적으로나 하던 일을 멈추고 말하는 사람을 향하여 앉는다. 상대방이 말하는 중간에 전화를 걸거나 받지 않는다. 말하는 사람의 얼굴을 부드럽게 쳐다본다. 말하는 사람이 하는 말을 이해해 나간다.

"예"
(상대방이 말하는 동안 고개를 끄덕이기)
"그렇군요"
"저런"
"아하"
"지금 하신 말씀은 ○○○하다는 뜻인가요?" 등의 질문 등

4. 공감

듣는 사람과 말하는 사람이 상대의 감정을 인지하고 인정한다. 상대방의 입장에서 상황을 판단한다. 말한 내용이나 감정을 듣는 사람이 정확하게 이해했는지 확인한다. 말하는 사람의 감정을 유발한 상황, 그 상황으로 인해 말하는 사람이 느끼는 감정과 원래 의도를 정확하게 파악하고 전달한다.

▮ 공감적 반응 사례 ▮

상황 : 나는 학과 활동에 소극적이지만 개인적으로 친한 친구가 되고 싶은 정수와 다른 학과 친구들과 이야기를 나누고 있는 상황이다. 학과 친구들은 민수에게 학과활동에서 얼굴을 볼 수 없다고 비난을 한다. 정수는 친구들과의 대화에 집중하지 않고 다른 생각을 하고 있는 듯하다. 가끔 열변을 토하는 친구들을 쳐다보면서 위축된 자세를 취한다. 나는 정수의 현실적 상황이 일반적인 친구들과 다르고 정수네 집이 매우 어려워 공부공간과 다른 생활공간이 구분되어 있지 않으며, 정수 개인의 노력 부족만으로 원인을 돌리기 어려운 환경적 요인을 여러 가지 주변 상황을 보고 알게 되었다. 정수는 학과 친구들과의 대화에 다소 긴장하고 있으며, 친구들이 자신을 어떻게 평가할지에 대하여 민감해져 있다.

정수를 향하여: "정수는 다른 친구들 말이 옳다고 생각하면서도 뭔가 다른 생각이 있는 듯한데, 좀 억울한 느낌도 들고, 친구들이 정수를 좀 더 이해해 주기를 바라는 마음도 가지고 있는 것 같아. 내가 맞게 이해한 거니?"

5. 말하는 순서와 양의 조절

말하기 전에 전체적인 발언의 순서와 양을 계획하고 적절히 조절하면서 진행해 나가는 것이 필요하다. 혼자서만 말하거나 질문 또는 토론을 독점하는 사람을 반기는 경우는 드물다. 그렇다고 침묵만 일관해서도 여러 의견을 모으기 어렵다. 주어진 시간 안에 조리있게 말하기 위해 전체 내용을 짜임새 있게 구성해야 한다.

6. 듣는 사람이 분명히 알아 들을 수 있도록 말한다

목소리 톤을 조절하고 적절히 쉬어 가며 말한다. 강조할 때는 보다 천천히 말해 주고, 보완설명해 주는 경우는 강조할 때보다 말의 속도를 높인다. 목소리 톤도 일정하게 하기보다는 강약을 주어 가며 변화를 준다. 듣는 사람이 알아들을 수 있도록 말하지 않는다면 침묵보다 못하다.

7. 신체적 표현을 활용하여 말한다.

언어적으로 전달되는 것 이외에도 얼굴표정이나 손짓 또는 몸짓을 통해 많은 의사전달이 이루어진다. 미소는 상대방에게 여러 번의 말보다 더 많은 말을 해 줄 수 있다. 이외에도 비언어적인 메시지를 활용하여 메시지를 전달할 수 있으며 언어적 메시지와 신체적 표현을 함께 활용하여 표현할 수 있다.

8. 말하는 태도

말하고 있는 주제에 대해 집중하여 의견을 말하며, 다른 사람이 말하는 중간에 끼어들지 않는다. 또한 자기의 의견만 고집하지 말고 다른 사람의 의견에도 귀를 기울여야 한다.

9. I-메시지, 나 전달법

I-메시지(I-message), 즉 나 전달법은 미국의 심리학자 토마스 고든(Tomas Gordon) 박사가 제시한 대화법이다. '나'를 주어로 자신의 감정이나 생각을

솔직하게 표현하는 것이다. 상대방의 자존심과 인격을 건드리지 않으면서 상대의 행동변화를 촉구할 수 있는 것이 'I-메시지' 의 핵심이다.

일반적으로 의사소통에 장애를 가져오는 것은 'I-메시지' 보다 'You-메시지' 를 사용하기 때문이다. 'You-메시지' 는 상대방에게 문제의 책임을 지우고 감정을 전달하여 의사소통뿐만 아니라 인간관계에도 방해가 된다.

'I-메시지' 는 상황, 영향, 감정 등 3가지가 기본적으로 포함돼야 한다. 문제가 되는 '상황' 을 상대방에게 설명한 뒤, 그것이 나에게 어떠한 '영향' 을 미쳤는지 말하고, 그것에 대한 나의 '감정' 을 솔직히 표현하는 것이다. 즉 상대방을 비난하거나 감정을 상하게 하지 않으면서 상대방의 행동 때문에 나의 감정이 어떻다는 것을 말하는 것이다.

또한 'I-메시지' 에는 상대방에게 거는 기대나 바람 등을 부가할 수 있다. 현재 상태를 개선시키고 싶거나 희망사항을 첨가할 수 있지만, 이는 상대가 받아들일 수 있는 인간적 관계가 되었을 때 활용한다.

▮ I-메시지 사례 ▮

- 친구가 약속 시간에 늦게 올 때

(You-메시지) ☞ 너 처럼 예의 없는 친구는 처음 봤다. 약속시간에 30분이나 늦다니 너는 생각이 있는 거니?

(I-메시지) ☞ 내가 6시까지 아르바이트 가야 하는데 네가 30분 늦게 오는 바람에(상황) 우리 둘이 이야기할 시간이 30분이나 줄어서(영향) 속상하네?(감정)

10. 반영과 타인의 배려

반영(reflection)은 상대방의 심리적 마음을 감정의 단어로 표현하는 것이다. 반영적 표현이 어려울 때는 재진술을 사용하면 되는데, 이는 상대방이 한 말을 그대로 되돌려 주는 것이다. 대화에서 반영과 재진술을 통해 상대방을 배려하는 표현을 해 줄 수 있다.

▮ 반영 사례 ▮

– 나는 정수와 더 이상 친구하지 않을래
☞ 아! 정수에게 속상하고 화나는 것이 있나 봐?

▮ 재진술 사례 ▮

– 나는 얼굴도 못생기고, 말도 잘 못해서 여자 친구를 못 사귀어
☞ 아! 여자 친구가 없어서 얼굴이 못생겼다고 생각한 거지?
☞ 그리고 말을 잘하면 여자 친구를 사귈 수 있다고 생각한 거지?

11. 질문 사용하기

말하기에서 질문은 적극적 경청의 한 방법이기도 하며, 때로 말하는 내용의 수준을 깊고 넓게 만들 수 있다(전명남, 2007a,b). 질문은 상대에게 의견을 묻는 방법인 동시에 위협이 될 수도 있기 때문에 말하기에서 중요하면서도 섬세한 기술이다. 질문을 통해 정보와 자료를 수집하고, 의견을 듣고, 태도를 감지할 수 있다.

질문을 하다가 보면 내용 자체가 엉뚱하게 흘러 '방향을 잃은 질문'의 사례도 빈번하게 나온다. 이러한 방향을 잃은 질문은 듣는 사람이 미리 정해 놓은 계획을 가지고 있고 그것을 상대방에게 적용시키려고 마음먹고 있는 경우나, 듣는 기술이 너무 부족해서 자기가 다른 사람의 말을 끊거나 관계없는 질문을 하고 있다는 사실을 몰라서 발생할 수 있다.

▮ 방향을 잃은 질문 사례 ▮

나: 정수야, 할머니랑 둘이 살고 있다고 했는데 할머니에 대해 이야기해 줄래?
정수: 음, 몸이 언제나 아프셔, 거동도 불편하고....
나: (말을 끊으며) 아.. 그런데 할머니에게는 먼 친척이 이웃에 살고 있지? 내가 그 친척을 아는데...
정수: 있지, 그런데 할머니는 통 기운이 없고 ...
나: (또 말을 끊으며) 자, 우리 이렇게 할까? 나에게 할머니를 소개해 줄래? 할머니 핸드폰 번호 좀 알려 줄래? 친척분하고 할머니와 같이 만날 장소를 만들까?

질문은 크게 직접질문과 간접질문으로 나누어 볼 수 있다. 직접질문은 상대방이 대답을 할 때 직접적으로 대답을 하도록 질문하는 경우이며, 간접질문은 상대방이 대답하는 데 심리적 압박과 충격을 덜 받도록 해 주며, 응답을 원하지 않을 경우 이를 허용해 주는 유연성 있는 질문 방법이다.

▮ 직접질문 사례 ▮

(충분한 라포르가 형성되지 않은 상황에서의 질문–상대를 불안하게 만든다)
☞ 정수야 지난 번 학비는 누가 대주었지? 장학금은 받았니?

▮ 간접질문 사례 ▮

☞ 등록금을 충당하기 매우 어렵지? 어려운데 어떻게 준비하니?
☞ 장학금 받는 친구들 이야기 들으면 어떤 느낌이 드니?

1) 논제를 다룰 때

- 말하고자 하는 요점은 무엇입니까?
- 그에 대해 좀 더 말씀해 주시겠습니까?
- ~에 대해 이야기해 주시겠습니까?

- ~에 초점을 맞추어 설명해 주시겠습니까?
- ~좀 더 자세히 말씀해 주시겠습니까?

2) 의견을 전달할 때

- ~저의 관점에서는 ~입니다.
- ~에 대해 좀 더 듣고 싶은데요.
- ~이 문제 이외에도 우리가 생각해 보아야 할 것이 있다고 생각합니다만~
- ~에 대해서는 저에게 납득이 되지 않는군요.
- ~사실을 근거로 진술해 주시겠습니까?
- ~에 대해 어떻게 생각하십니까?
- ~인데 우리가 어떻게 할 수 있을까요?
- ~의 차이점은 무엇입니까?
- ~다른 예를 들어 주시겠습니까?
- ~질문해도 될까요?
- ~할 수 있는 또 다른 방법이 있습니까?
- ~의 의미는 무엇이지요?
- ~하는 데 무엇이 가장 좋은 방법일까요?
- ~을 성취하기 위해서는 무엇이 필요할까요?
- ~당신이 말한 것은 ~이군요. 그것은 어떤 의미지요? 다른 방식으로 말해 줄 수 있나요?

3) '왜? 어떻게?'의 질문

- 우리나라는 왜 FTA 협상을 하는 것일까요?
- 이 문제에 대해 어떻게 생각하십니까?
- ~의 질량은 어떻게 측정할까요?

4) 비교하는 질문

- 북한 핵문제에 대해 한국과 미국의 입장은 어떻게 다른가요?
- 두 사람의 의견이 어떻게 다른지 말할 수 있습니까?
- 그 의견은 바로 앞에 제시된 의견과 같지 않습니까?

5) 명확하게 알기 위한 질문

- ~라고 말씀하신 것 같은데 맞습니까?
- 조금 더 자세히 이야기해 주시겠습니까?
- ~라는 말은 구체적으로 무엇을 뜻합니까?
- ~는 구체적으로 무엇을 뜻합니까?
- ~라는 말은 무슨 뜻이 포함되어 있습니까?

6) 원인과 결과를 연결하는 질문

- ~라는 말은 ~을 전제하고 있는 말인가요?
- ~라는 주장을 뒷받침할 수 있는 근거나 증거를 댈 수 있습니까?
- ~라는 결과는 어떤 원인에 의해 생겼을까요?

7) 선택과 결정

- ~저의 생각은 다소 차이가 있습니다만~
- ~에 대해 완전히 동의하시나요?
- 타당하다고 생각하는 것을 선택해 주시겠습니까?
- ~을 위해서는 무엇이 필요한가요?
- 어느 방법이 더 좋을까요?
- ~으로 결정하면 어떨까요?
- ~의 최종 결정에 대해 어떻게 생각하십니까?

CHAPTER 02

스피치의 실제

TV, 라디오, 인터넷과 같은 미디어의 발달로, 누구든지 어떠한 상황에 처해서도 의사소통을 하거나 의사표현을 하는 문화 속에 놓이게 되었다. 이러한 상황에서 스피치가 질적인 수준을 확보하기 위해서는 의사소통의 질, 스피치 재료의 질, 개인적 자질의 질, 음성적 질 등 4가지를 포함하고 있어야 한다. 의사소통의 질(communicative qualities)로는 명료성, 말하는 내용을 듣는 사람이 똑똑하게 알아듣도록 만드는 것, 말의 초점, 자신감, 에너지, 권위, 청중에게 적용 가능한지를 고려하여 말하는 것 등이 있다. 스피치 재료의 질(material qualities)은 이해 가능성, 지적 능력, 흥미, 신뢰 가능성과 균형, 적용 가능성, 관련성이 있도록 만드는 것을 가리킨다. 개인적 자질의 질(personal qualities)은 자연스럽게 말하는 것, 성격적 특성이 반영되는 것, 적절한 개입, 열정, 온정, 우정, 집중 등을 포함한다. 음성적 질(vocal qualities)은 억양, 정확한 강조, 음색, 속도, 적절히 쉬어 주기 등을 고려하여 말하는 것이다(Sabin, 2009).

1. 아나운싱 활용

표준어를 사용하며 듣기 정확하고 바른 스피치를 실현하는 사람들이 아나운서들이다. 일반 사람들이 아나운서와 같이 스피치를 하는 연습을 하는 아나운싱은 발성, 발음뿐만 아니라 효과적인 스피치를 할 수 있도록 돕는다. 아나운싱 활용을 통해 소리의 크기와 속도, 억양과 음색까지 조절하고 명확한 의사전달을 해낼 수 있다.

1) 발성

힘들이지 않고 자신에게 어울리는 음색을 표현하는 발성이 요구된다. 어조와 울림이 좋은 음색이 나올 수 있도록 한다. 뉴스를 진행하는 아나운서의 경우에는 자신의 평소 발성 톤이 낮은 경우 한 톤 정도 높이거나, 톤이 높은 사람은 한 톤 정도 낮추는 연습을 하기도 한다. 보다 깊고 풍부한 소리를 내기 위해 복식호흡을 통해 발성하는 연습을 권한다.

2) 명확하고 분명한 발음의 연습

한국인들은 'ㅅ'이나 'ㅈ'발음, 지역에 따라 '의'나 '에'발음과 같은 이중모음을 제대로 발음하기가 어렵다. 또한 읽은 내용을 다른 사람들이 정확하게 알아들을 수 있도록 하기 위해서는 오독하지 않고 분명하게 발음하는 습관이 요구된다. 발음하기 어려운 말은 적절히 띄어서 말하거나 모음의 연습을 통해 증진시킬 수 있다.

▮ 발음 연습 사례 ▮

- ㅇ 아, 에, 이, 오, 우
- ㅇ 간장공장 공장장은 강 공장장이고 된장공장 공장장은 공 공장장이다.
- ㅇ 앞 뜰에 있는 말뚝이 말 맬 말뚝이냐 말 안 맬 말뚝이냐.
- ㅇ 들의 콩깍지는 깐 콩깍지인가 안 깐 콩깍지인가. 깐 콩깍지면 어떻고 안 깐 콩깍지면 어떠냐, 깐 콩깍지나 안 깐 콩깍지나 콩깍지는 다 콩깍지인데
- ㅇ 서울특별시 특허허가과 허가과장 허과장
- ㅇ 내가 그린 기린그림은 잘 그린 기린그림이고 네가 그린 기린그림은 잘못 그린 기린그림이다.
- ㅇ 저기 계신 저분이 박 법학박사이시고, 여기 계신 이분이 백 법학박사이시다.
- ㅇ 작년에 온 솥장수는 새 솥장수이고, 금년에 온 솥장수는 헌 솥장수이다.
- ㅇ 앞 집 팥죽은 붉은 팥 풋팥죽이고, 뒷집 콩죽은 햇콩 단콩 콩죽, 우리집 깨죽은 검은깨 깨죽인데 사람들은 햇콩 단콩 콩죽 깨죽 죽먹기를 싫어한다.
- ㅇ 신진 샹송가수의 신춘 샹송쇼
- ㅇ 밤섬 봄 벚꽃놀이는 낮 봄 벚꽃놀이보다 밤 봄 벚꽃놀이가 더 좋다
- ㅇ 경찰청 쇠창살 외철창살, 검찰청 쇠창살 쌍철창살
- ㅇ 한영 양복점 옆 한양 양장점 한양 양장점 옆 한영 양복점

3) 명확한 내용전달을 위해 속도의 조절

중요한 내용은 또박또박 천천히 분명하게 전달하고, 쉽게 이해되거나 '입니다', '였습니다' 등과 같은 어미부분은 속도를 빠르게 처리한다. 속도의 변화가 있어서 내용전달이 명확해진다. 그러나 잘못 처리하여 말끝을 흐린다는 인상을 주지 않도록 끝까지 발음을 분명히 해 준다.

4) 인간에 대한 관심과 스트레스 통제

말은 사람과 사람 간의 전달 매개체이다. 따라서 말을 듣는 사람과 하는 사람 간의 감성이 통할 때 잘 전달될 수 있다. 상대방을 이해하고 그 사람과 상황에 적절한 단어를 선택한 후에 내 의사를 분명히 전달하고, 상대의 이해를 받아내는 말의 구사가 요구된다. 적절히 사람과 상황에 대한 스트레스를 통제해 낼 수 있을 때 언어구사가 쉬워진다.

5) 비디오 촬영과 피드백

발표를 할 때 비디오 촬영을 해서 잘 표현된 부분과 잘 표현되지 못한 부분을 확인하여 수정해 간다. 표정, 입모양, 시선처리, 말하는 태도까지 쉽게 자가체크가 용이하다. 카메라(camera)를 활용해서 짧은 시간 촬영하여 점검하는 것도 좋은 방법이다.

2. 자기소개 스피치

자기소개 스피치는 기본적인 정보 교환에서부터 입학이나 취업에서의 면접 또는 다른 회의에서의 의사소통 활동을 위해 요구된다. 자기소개는 성공적인 리더들로부터 배울 점, 본받을 점을 찾아내어 내면화하고 나서, 먼저 나에 대해 생각해 보고 나를 소개하는 글을 써 본 다음 청중을 대상으로 소개하는 연습을 통해 성장해 나갈 수 있다.

활동 2-1 다음에 대해 표현해 보자.

- ○ 내 이름에서 연상되는 느낌
- ○ 내 고통의 색깔
- ○ 개그맨 같았던 나의 모습
- ○ 내 눈물의 소리
- ○ 나를 움직이는 만트라(힘을 가진 말)

활동 2-2 다음 내용을 각각 3분 정도씩 만들어 지루하지 않게 표현해 보자.

- ○ 나의 유년시절
- ○ 감명 깊게 읽은 책
- ○ 성장 기간의 터닝포인트
- ○ 나의 친구
- ○ 나의 첫사랑
- ○ 나의 세상에 대한 생각(전쟁, 영화)
- ○ 나의 이상적 이성상(결혼)
- ○ 나의 공부
- ○ 나의 가치관
- ○ 나의 직장
- ○ 나의 부모님
- ○ 나의 취미
- ○ 나의 개똥 철학
- ○ 나의 특기
- ○ 학창시절의 추억
- ○ 부모님의 기대와 나의 꿈
- ○ 나의 롤모델과 멘토
- ○ 나의 가정환경
- ○ 나의 실패담
- ○ 내 생애 가장 고난스러웠던 경험

활동 2-3 특징 있게 이야기를 만들어 나를 다른 사람에게 소개해 보자.

활동 2-4 나를 소개할 때 어떤 것들에 대해 말하는지 발표해 보자.

활동 2-5 이제껏 평범하게 해 오던 자기의 소개가 정말로 자신을 다 표현한 것인지 한 번 생각해 보자.

활동 2-6 자기를 소개하는 글을 듣고 누구인지 맞추어 보자.

활동 2-7 자기소개를 발표하지 않은 사람 중에서 자기가 쓴 새로운 자기소개글을 발표해 보자.

활동 2-8 (미리 써 보는 자서전 만들기) 지금까지 살아 온 연표를 그려 보자.

0세	10세	20세	30세	40세	50세	60세	70세	80세

가장 기억에 남는 일을 적어 보자. 10년 뒤의 내 모습을 써 보자. 20년, 30년, 40년, 50년, 60년, 70년 후의 내 모습을 마인드맵으로 표현해 보자. 나에 대한 자서전을 써 보자. 자서전을 읽고 잘된 부분, 아쉬운 부분을 평가하고 나의 다짐을 적어 발표한다.

(출처: 전명남 외, 2008)

3. 리더십이 나타나는 성공 스피치 사례

1) 김구의 '백범일지'

"네 소원이 무엇이냐?"하고 하나님이 물으시면, 나는 서슴지 않고 "내 소원은 대한 독립이오"하고 대답할 것이다. "그 다음 소원은 무엇이냐?"하면, 나는 또 "우리나라의 독립이오" 할 것이요, 또 "그 다음 소원이 무엇이냐?"하는 세번째 물음에도, 나는 더욱 소리를 높여서 "나의 소원은 우리나라 대한의 완전한 자주독립이오"하고 대답할 것이다.

– 중략 –

2) 링컨 대통령 '게티스버그 연설'

87년 전 우리의 선조들은 자유의 깃발 아래 이 대륙에 신생국을 창설하여 만인은 태어나면서부터 평등하다는 대전제를 국시로 삼았습니다.

지금 우리는 내전을 치르고 있습니다. 이 전쟁은 이 나라가, 또는 이렇게 창안되고 이렇게 헌정된 어떤 나라가 과연 오래도록 지속될 수 있는지를 시험하기 위한 시련입니다.

우리는 전쟁이 크게 벌어졌던 싸움터에서 지금 만나고 있습니다.

우리는 이 나라를 영원히 지키기 위하여 이곳에서 목숨을 바쳤던 사람들의 마지막 휴식처가 되도록 이 싸움터의 한 부분을 헌정하기 위해 왔습니다.

우리가 이런 일을 하는 것은 적절하고 합당한 것입니다. 그러나 더 큰 의미에서 우리는 이 땅을 헌정할 수도 없고 봉납할 수도 없고 거룩하게도 할 수 없습니다.

생존자이건 사망자이건 이곳에서 싸웠던 용사들이 이미 이 땅을 신성하게 했기 때문에 우리의 빈약한 힘으로는 도저히 헌정을 가감할 수가 없습니다.

세상은, 우리가 이곳에서 드리는 추도사를 주목하지 않을 것이거니와 오래 기억하지도 않을 것입니다.

그러나 사람들은 용사들이 이곳에서 이룩해 놓았던 업적을 영원히 잊지 않을 것입니다.

그러므로 이곳에서 싸웠던 사람들이 그처럼 탁월하게 진척해 놓은 그 미완성의 작업을 모두 마치기 위하여 이곳에서 몸을 바쳐야 하는 것은 생존자인 우리들입니다.

우리 자신 스스로 이곳에서 우리 앞에 남아 있는 대과업에 헌신해야 하겠습니다. 즉 명예롭게 죽은 용사들로부터 우리는 가중된 헌신을 받아들이고 있는 바, 그것은 그들이 최종적인 발전의 단계를 충분히 마련해 놓았던 대의를 위한 것입니다.

우리는 이곳에서 죽은 용사들의 죽음이 헛되이 돌아가지 않으리라는 굳은 결의를 하는 것이며, 하나님의 가호 밑에서 나라가 자유의 새로운 탄생을 누리게 하리라는 것과, 국민의 국민에 의한 국민을 위한 정부가 지구상에서 멸망하지 않으리라는 굳은 결의를 하는 바입니다.

3) 영국 수상을 지낸 처칠의 'blood, toil, tears and sweat' 내용의 연설

– 중략 –

나는 이 정부에 참여한 장관들에게 이야기했던 대로 의회 여러분들에게 다시 말합니다: 『나는 피, 수고, 눈물, 그리고 땀밖에는 달리 드릴 것이 없습니다』 우리는 가장 심각한 시련을 앞두고 있습니다. 우리는 길고 긴 투쟁과 고통의 세월들을 앞두고 있습니다. 여러분은 묻습니다, 당신의 정책은 무엇인가? 나는 말합니다. 육상에서, 바다에서, 하늘에서 전쟁을 수행하는 것이라고. 하나님께서 주신 우리의 모든 힘과 능력을 총동원하여, 어둡고 개탄스러운 인간의 범죄목록에서도 유례가 없는 저 괴물과 같은 독재자를 상대로 전쟁을 수행하는 것, 이것이 우리의 정책입니다. 여러분은 질문할 것입니다, 우리의 목표는 무엇인가. 나는 한마디로 답할 수 있습니다. 그것은 승리입니다. 승리, 어떤 대가를 치르더라도 어떤 폭력을 무릅쓰고라도 승리, 거기에 이르는 길이 아무리 길고 험해도 승리, 승리 없이는 생존도 없기에 오직 승리뿐입니다. 승리를 기필고 실현시킵시다. 승리 없이는 대영제국의 생존도, 대영제국이 버티어 온 모든 것의 생존도, 인류가 그 목표를 향하여 전진하도록 만드는 시대의 욕구와 구동도 존재할 수 없을 것입니다. 나는 희망에 들뜬 기분으로 나의 임무를 인수하는 바입니다.

나는 우리의 소명은 결코 실패하지 않을 것이라고 확신합니다. 나는 이 시점, 이 대목에서 여러분들의 도움을 요구할 자격이 있다고 느끼면서 이렇게 호소하는 바입니다. "자, 단합된 우리의 힘을 믿고서 우리 모두 전진합시다."

4) 남아프리카공화국의 만델라 취임 연설 'Let there be peace for all'

우리의 가장 깊은 두려움은 무능함이 아닙니다. 우리의 가장 깊은 두려움은 우리가 가진, 가늠할 길 없이 강한 힘입니다.

이것은 빛입니다. 우릴 위협하는 어둠이 아닙니다.

우리는 스스로에게 묻습니다. 이렇게 영리하고 아름답고 재능 있고 경이로운 존재인 난 누구인가? 사실, 우리 가운데 그렇지 않은 이가 누구입니까? 당신은 신의 아이입니다.

움츠러들어서는 세상을 구할 수 없습니다. 당신 옆의 사람들이 불안해할까 봐 뒷걸음질치는 것은 옳지 못한 일입니다.

우리는 우리 안에 존재하는 신의 영광을 천명하기 위해, 이 세상에 왔습니다. 그것은 몇몇 사람들에게만 있지 않습니다. 우리 도두의 마음 안에 있습니다.

그리고 우리 스스로 빛을 발하는 일은, 어느새 다른 이들로 하여금 빛을 발할 수 있도록 도와주는 일입니다.

우리가 스스로 두려움에서 벗어남으로써, 우리의 존재는 다른 이들을 자유롭게 할 것입니다.

4. 유머를 활용한 스피치

영국 정치가인 가드너(1846-1921)는 듣는 사람의 경청을 끌어내는 방법으로 유머(humor)를 사용할 것을 권했다. "일단 사람들을 웃게 만들면 그들은 경청한다. 그러면 사람들에게 무슨 말이든지 할 수 있게 된다."라고 하였다. 스피치 방법은 말하고자 하는 내용과 관련된 유머를 활용한다. 단순하고 신선한 유머를 쓰며, 유머를 말하는 중에 먼저 웃지 않아야 한다. 특정한 사람을 비방하거나 감정을 상하게 하는 유머는 제외시킨다.

5. 상대방의 마음을 끌어당기는 스토리텔링

스토리텔링은 '이야기를 들려주는 것' 혹은 '구전(口傳)을 말하는 것' 을 의미하는 말이었다(송정란, 2006). 스토리텔링(storytelling)이란 말은 낱말 구조에서도 볼 수 있듯이 '이야기(story)' 와 '전달의 말하기(telling) 행위' 를 가리킨다(이명현, 2012). 이야기하기는 어떤 사건이 진행되고 있는 이야기를 서로 주고 받는 행위와 과정을 말한다. 즉, 스토리텔링은 이야기를 전달하고 공유하며 나누는 행위와 과정을 지칭하는 것이다. 스토리텔링은 문자 이전의 시대부터 시작되었다. 신화, 전설, 우화, 실제 생활 등의 형식으로, 문자가 생겨나기 전 이야기꾼들은 말을 통해 이야기를 전달해 왔다. 이야기꾼들은 청중들에게 이야기를 이해하게 하고 몰입을 유도하기 위해 반복과 과정을 섞어 가며 이야기를 엮어냈다. 이때 스토리텔링은 이야기를 구연하는 화자와 듣는 청중 간의 상황에 따라 조금씩 다른 형태로 나타나며, 정해진 틀이 없이 다양한 버전으로 생성되었다. 이야기는 이야기를 듣는 사람의 반응에 따라 부풀려지기도 하고 생략되기도 하면서 변화를 겪게 되지만, 그렇다고 이야기의 전체적인 구조가 변하는 것은 아니었다. 그것은 이야기의 중심 구조를 유지하면서 다층적 변이가 생기는 형태로 나타나게 되었다(이상민, 2009).

스토리텔링을 말해 주는 것은 사람들을 움직이며, 이동시켜 주고, 다른 곳으로 옮겨다 놓기도 하고, 현실의 삶에서 탈출할 기회를 제공해 주기도 한다(Jackson, 2002). 스토리텔링은 말을 통한 여행(journey)과 간주간성(insubjectivity)의 속성을 지닌다. 스토리텔링은 문자와 인쇄 기술로 책의 형태로 변화되었으며, 최근에 와서는 미디어 기술의 발전으로 게임, 영화, 드라마, 애니메이션 등의 다양한 콘텐츠로 변화되고 있다.

활동 2-9 여러 사람들 앞에서 나의 '경험' 에 대해 스토리텔링해 보자.

○ 프롤로그:: 주제 제시

여러분! 세상에는 많은 사람들이 살고 있으며 각각의 얼굴이 다르듯이 개인적 경험도 차이가 있습니다. 그래서 제가 경험한 일 가운에 인상 깊었던 … … … 에 대하여 이야기를 드려보도록 하겠습니다.

○ 궁금증 유발

사람들은 하나를 알려주면 두 번째, 세 번째에 대해 궁금해합니다. 알고 싶은 욕구를 가지게 되므로 듣는 사람에게 스토리텔링을 시작하는 사람이 무엇을 말하고자 하는지 궁금증을 유발하는 발언을 제시합니다.

○ 궁금증 해소 및 주제 전개

제가 말씀 드리고 싶은 내용은 내가 일어날 수 없으리라 생각할만큼 어려운 상황에 빠졌었고, 하고자 한 일들이 노력에도 불구하고 계속 수포로 돌아갔던 청소년 시절에 대한 것입니다.

○ 구체화 및 일화 제시

보다 구체적으로 더 말씀을 드리면, 19세가 되던 해에……

6. 쇼핑 호스트의 메시지 전달 사례

상대방의 마음을 움직이는 스피치의 사례로 최근 TV 홈쇼핑 판매를 위해 쇼호스트의 메시지가 등장하고 있다. 쇼호스트는 상품을 판매자와 구매자를 연결하는 중개인이다. 그러면서 방송으로 판매를 하는 진행자이고 정보를 제공해 주는 자이면서 한편으로는 시청자의 대리인이라는 다양한 역할을 소화해내면서 현대의 소비 행위에 막대한 영향을 미치고 있다.

"제가 써보니까 … 하더라구요"라는 멘트는 시청자와 쇼호스트가 동질감을 느낄 수 있도록 해 준다. 구매 기회의 희소성과 긴급성을 나타내기 위해 쇼호스트는 '단 하루', '오늘' 등 현시성을 강조하는 표현을 빈번하게 사용한다. TV 홈쇼핑을 통한 충동구매를 줄이고 합리적이고 경제적인 구매결정을 위해 쇼호스트의 화법을 정확히 파악할 필요가 있다. 쇼호스트들은 TV 방송이라는 매체적 특성으로 인한 구매기회의 희소성과 긴급성, 판매처의 신뢰성과 브랜드의 명성, 제품의 기능과 성능, 그리고 직접 구매와는 다른 홈쇼핑의 한계를 보완해주는 형태로 스토리텔링, 보여주기와 같은 자기 경험, 마지막으로 가격의 매력성을 통해 구매 설득 메시지를 전달하고 있다(권순희·석예은·이형주·정재은, 2011). "물건이 좋다, 손해를 보고 판다, 누구누구도 샀다." 등의 메시지 전달을 연속해서 보여주고 있다. 쇼핑 호스트와 그 활동은 상품 구매까지 연결되는 말하기의 기술을 살펴볼 수 있는 사례이다.

활동 2-10 쇼핑 호스트가 되어 다른 사람을 설득하여 소비자가 구매하도록 해 보자.

- ○ 자신이 팔고 싶은 물품을 선정하라.
- ○ 자신부터 팔고자 하는 쇼핑 물품에 확신을 가지고 자신감 있게 연출해 보자.
- ○ '단 하루', '오늘'과 같은 구매기회의 긴급성과 희소성, 판매처의 신뢰성 및 브랜드의 명성, 제품의 기능과 성능, 스토리텔링, 자기경험, 가격의 매력성을 강조하는 발언을 포함시켜 구매를 설득해 볼 수 있다.

7. 면접에서의 스피치

최근 학교와 기업에서는 일정한 목적 또는 사업상 목적을 달성하기 위해 직무수행에 요구되는 역량을 갖춘 지원자를 채용하고 있다. 이 채용 과정에서 직접 면대면으로 검증하는 면접(interview) 절차를 밟는다. 면대면 면접(face to face interview)은 면접자와 피면접자가 직접 대면하는 상황을 연출하여 대화를 통해 정보를 수집하는 면접 형태이며, 전화 면접(telephone interview)은 전화를 통해서 정보를 수집하는 형태이다. 최근에는 컴퓨터의 발달로 컴퓨터 이용 면접(computer assisted personal interviewing: CAPI)의 방법도 활용이 높아지고 있는 추세이다.

일반적으로 학교나 기업체에서 주로 활용되고 있는 면대면 면접은 개별면접과 집단면접으로 나뉜다. 1대 1 면접의 형태인 개별면접은 면접의 가장 일반적인 형태이다. 한 명 면접자가 한 명의 피면접자를 대상으로 면접하는 것이다. 수집되는 정보의 정확도가 높고, 면접 과정에서 피면접자를 관찰하기 쉽지만 시간과 비용이 많이 든다는 단점이 있다. 이에 반해, 집단면접(panel interview or team interview)은 여러 명의 면접자들이 한 명의 피면접자를 면접하거나, 한 사람의 면접자가 여러 명의 피면접자를 동시에 면접한다.

- 1대1 면접

- 집단 면접

이외에도 팀을 이루어 토론면접을 하는 경우도 있다. 집단심층면접은 6~8명 내외의 참석자들이 일정한 주제에 대해 사회자의 지도를 받아 특정 주제를 토

론하게 한다. 토론 과정을 관찰하여 필요한 정보나 아이디어를 수집하기 위해 사용되고 있다.

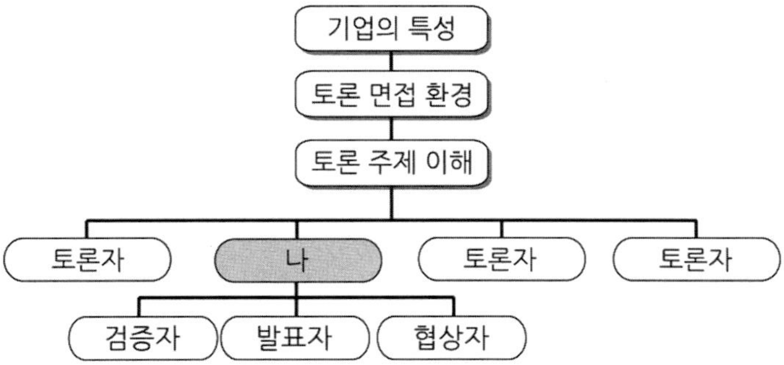

집단토론면접에서도 메시지 전달의 3요소인 '내용', '음성', '태도'를 고려하여 참여한다. '내용'은 핵심되는 내용을 논리적으로 연결되도록 하여 빼놓지 않고 말하는 것을 가리키며, '음성'은 다른 사람이 알아들을 수 있도록 하고, '태도' 면에서는 다른 사람과 공유하면서 말하는 것이다. 토론면접은 참여하는 사람별로 유리한 입지가 따로 있는 것이 아니라, 서로 유익한 내용으로 효과적인 결론을 내리도록 하는 데 있다.

CHAPTER 03

의사소통의 장애 넘어서기

메시지를 주고받는 의사소통(communication)은 하나의 '채널(channel)'을 사용한다. 사람들 간에 의사소통이 가능하도록 하는 '코드(codes)'를 이 채널을 통해 교환하게 되는 것이다. 코드는 아이디어나 느낌을 표상하는 상징적 방식이다. 가장 가까운 친구에게 말한다고 생각해 보라. 어떻게 말하고 싶은가?

- 다정하게
- 진실되게
- 속 시원하게
- 야망을 가지고
- 나중에
- 내 의견이 표현되게
- 부끄럽게
- 에너지가 있게
- 웃기게
- 스마트하게

이와 같이 사소한 의사소통을 하는 데에는 태도, 신념, 개인적 가치가 개입된다. 의사소통은 하나의 과정이다. 스피치는 이 의사소통의 한 부분이다. 사회적 접촉을 하고, 정보를 교환하며, 다른 사람의 행동에 영향을 미치고, 개인적 문제나 비즈니스를 해결하기 위해 스피치를 사용하게 된다(Miculka, 2007).

의사소통은 인간관계(人間關係)를 바탕으로 한다. 따라서 인간과 인간의 신체적·심리적·사회적 만남이 전제되는 것이다. 의사소통의 장애가 발생하며 쉽지 않은 이유를 크게 두 가지 측면에서 살펴보면 다음과 같다. 첫째, 의사소통에서 전달하고자 하는 것은 유형의 물질이 아니라 무형의 의미와 관념이다. 의사소통의 당사자들인 발신자와 수신자가 주고받는 것은 이러한 무형의 개념이 아니라 기호를 통해 상징적으로 표현된 것이다. 따라서 공유되는 것은 기호이지 의미가 아니다. 의미는 다분히 개인적인 것이다. 그러므로 의사소통은 기본적으로 100% 정확하기는 힘든 일이다. '내가 하고 싶은 말은 이게 아닌데…' 하며 자신의 가슴을 쳤던 기억, 또는 자신의 생각을 표현할 적합한 말이 떠오르지 않아 답답했던 경험이 누구에게나 있을 것이다(장혜영, 2012).

우리가 살고 있는 현대는 다원주의 사회이다. 서로 다른 기준과 가치에서 발생하는 여러 종류의 갈등과 대립이 단순히 하나의 통일된 기준과 가치의 제시로 해결될 수 없다(정순현, 2006). 다른 이해관계나 갈등 상황에 처해 있기 때문에 일방적인 요구만 전달되거나 대화 후에도 문제해결이 일어나기 어렵게 되는 것이다.

1. 말하고 있는 여러분 자신이 하나의 창문이다

말하고 있는 여러분은 다른 사람들에게 하나의 창문 역할을 하고 있다(Nice, 1999). 이 창문은 네 개의 칸으로 이루어져 있다. 플랫폼, 마스크, 블라인더, 소스 등 4부분으로 이루어진 창문이다. 스피치는 항상 무언가의 시작이다. 말을 하여 다른 사람들과 연계되는 것은 이 창문을 통해서 이루어진다.

플랫폼(platform) 모든 사람이 볼 수 있다.	블라인더(blinder) 다른 사람이 볼 수 있으나 말하는 사람은 보지 못한다.
마스크(mask) 말하는 사람만 볼 수 있다.	소스(source) 아무도 못 본다.

[그림 3-1] **말하는 사람의 창문**

플랫폼(platform)은 말하는 사람이 자신의 이야기, 경험, 지혜를 열어 가는 곳이다. 플랫폼을 잘 활용해야 듣는 사람과 공동의 심리적 공간을 마련할 수 있다. 말하는 내용이 포함되기 때문에 사람에 따라 플랫폼의 영역이 넓은 사람도 있고 좁은 사람도 있다. 영향력 있는 스피치를 하는 사람은 이 플랫폼을 계속적으로 넓혀 간다.

[그림 3-2] **플랫폼을 넓혀 의사소통의 통로를 열어 갈 수 있다.**

마스크(mask)는 말하는 주제에 대한 나만의 독특한 말을 시작하는 곳이다. 이 주제는 본인에게는 흥미가 없지만 다른 사람들에게는 끊임없이 질문이 시작되는 곳이다. 말하는 내용이 마스크에만 집중된다면 말하는 사람은 금방 지치게 될 것이다. 따라서 플랫폼과 마스크 사이를 계속하여 연계짓는 노력이 요구된다.

블라인더(blinder)는 다른 사람이 말하는 사람에게 알려 줄 때만 보이는 부분이다. '아하' 의 경험도 하지만, 때로는 말하는 사람에게는 자신이 부적절하다고 느끼게 만드는 영역이다. 계속 이 영역에 있게 되면 말하는 중에 부정적인 태도나 저항을 하게 된다. 말하는 사람이 청중의 말을 더 이상 듣지 않게 되는 경우도 발생한다.

소스(source)는 말하는 사람도 듣는 사람도 모르는 부분이다. 향후 자원이 될 수도 있고, 숨어 있는 보물이 있을 수도 있는 영역이다. 말하는 사람이 듣는 사람에게 꼭 영향력 있는 말을 하지 않아도 되는 이유는 이 소스에 있다. 그러므로 말하는 사람은 과장되거나 다른 여러 가지로 꾸며야 하는 사람이 아니라 자기 자신이 되면 충분한 것이다. 이 네 가지 영역은 상황과 장소에 따라 플랫폼이 넓은 영역을 차지할 수도 있고, 마스크나 블라인더가 더 넓은 영역을 점령할 수 있다. 그러나 분명히 기억해야 할 부분은 이 창문에서 그 영역이나 범위는 말하는 사람이 정한다는 점이다.

2. 힘든 대화 상황 다루기

대화 내용이나 참여하고 있는 사람들 간의 관계에서 문제가 있을 경우 의사소통에서 순환이 잘 이루어지지 않을 수 있다. 자신이 다른 사람과 의사소통할 때 어떤 것이 힘든지 체크해 보자〈표 3-1〉. 다른 사람들과 함께 해보고 가장 힘들어하는 상황이 무엇인지 3가지 정도 찾아보자.

〈표 3-1〉 의사소통할 때 어떤 것이 힘든가?

	☺	☹
많은 사람 앞에서 이야기할 때		
조리 있게 무엇인가를 설명해야 할 경우		
처음 만난 사람과 이야기할 때 시선과 손 처리		
상대방의 말을 공감하며 경청할 때		
상대방을 설득하려고 할 때		
상대방의 잘못을 지적할 때		
어려운 질문에 대해서 대답할 때		
주어진 시간 내에 요점을 정리하여 전달할 때		

(출처: 김미숙 외, 2007)

자연스러운 의사소통을 방해하는 장애와 그로 인해 상호 느끼게 되는 결과적 정서들은 서로 연관된다. 의사소통을 방해하는 대화에는 다음 〈표 3-2〉에서 〈표 3-11〉과 같은 유형들이 있다(한국카운슬러협회 인천광역시지회, 2002).

'너는 어떻게 그러니?', '네 꼴을 봐라', '겨우 그렇게 했니?'와 같은 비난·비판에 대화를 하는 상대가 느끼는 일차적인 반응은 저항심이다. 대화를 통해 관계에 부정적인 영향을 미칠 수 있다.

〈표 3-2〉 비난·비판

의사소통 방해	언어적 단서	상대의 느낌
비난·비판 (욕설, 헐뜯기)	너는 어떻게 그러니? 겨우 그렇게 했니? 너는 너무 경망스러워 너는 너무 게을러서 탈이야 야, 임마! 너는 못 해	두려움·무력감 반항·저항심 (모멸감·반발심·수치심)

친한 사이라도 명령이나 강요는 듣는 사람에게 반발심이나 공포심을 가지게 만들거나 말대꾸를 하게 만들 수 있다.

〈표 3-3〉 명령·강요

의사소통 방해	언어적 단서	상대의 느낌
명령·강요	빨리 일어나 반드시 ~해야 한다 당연히 ~해야 한다 내 말 들어	공포감·말대꾸·강한 반발

'그때 오지 않으면 혼날 줄 알아', '내 말 안 들을래' '그것 안 하면 나도 생각이 있으니 그렇게 알아' 등의 경고나 위협은 상대에게 저항, 분노, 거부감 등을 불러일으킬 수 있다.

〈표 3-4〉 경고·위협

의사소통 방해	언어적 단서	상대의 느낌
경고·위협	~하지 않으면 그때~ ~하는 게 신상에 좋아	분노·저항감·불평불만 거부

훈계나 설교는 상대방을 신뢰하고 있지 못하다는 인상과 의무감, 죄책감을 느끼게 만들 수 있으며, 개인에 따라 허탈감이나 자기방어적인 상대의 반응을 이끌 수 있다.

〈표 3-5〉 훈계·설교

의사소통 방해	언어적 단서	상대의 느낌
훈계·설교	~하는 것이 좋을 것이야 이렇게 하는 것이 효도야 선배에게는 이렇게 해야지	의무감·죄책감·허탈감

말하는 사람의 성격에 의한 것이든 상황에서 나온 것이든 규제하거나 지배적인 말은 기본적으로 상대에게 구속감이나 반발심을 이끈다.

〈표 3-6〉 규제·지배

의사소통 방해	언어적 단서	상대의 느낌
규제·지배	~와 절대 놀지 마! 제발 시키는 대로 해 봐	구속감·반발심·허탈감

말하는 사람의 충고나 해결 제시가 필요한 경우도 있지만, 부정적 기능을 하게 되는 대화상황일 때는 상대방에게 반항심이나 의존심 또는 심하게는 수치심을 느끼게 할 수 있다.

〈표 3-7〉 충고·해결

의사소통 방해	언어적 단서	상대의 느낌
충고·해결 방법	내가 너라면 ~하겠다 충고 하나 하겠는데	의존심·수치심·반항심

동정과 위로의 말을 하였는데 이것이 제대로 기능하지 못하고 역기능을 하게 되는 경우에는 상대방에게 반발심이나 답답함을 줄 수 있다.

〈표 3-8〉 동정·위로

의사소통 방해	언어적 단서	상대의 느낌
동정·위로	아무것도 아니야 걱정 마 용기 잃지 말고 힘 좀 내봐	반발심·답답함·섭섭함

말하는 사람의 의도와 어긋나서 상대방에게 캐묻는 형태의 대화가 진행될 수 있다. 모임에 늦은 친구에게 "왜 이렇게 늦은 거니?", "오다가 누굴 만난 거니?", "뭐 하다가 늦었어?"라는 말은 서로에게 불쾌감이나 짜증 또는 상황에 따라서는 불안감이나 두려움을 가지게 만들 수 있다.

〈표 3-9〉 질문·캐묻기

의사소통 방해	언어적 단서	상대의 느낌
질문·캐묻기	언제·어디서·누가·무엇을·어떻게·왜	불쾌감·불안감·두려움·짜증

말하는 사람의 분석적·진단적 발언은 상대방에게 불편한 감정이나 심한 경우에는 모멸감을 준다. "어제 모임에 빠진 거 보니 여자 친구랑 헤어진 거구나?"와 같은 말을 들었을 때 상대방은 말하는 사람의 의도와 다르게 들을 수 있다.

〈표 3-10〉 분석·진단

의사소통 방해	언어적 단서	상대의 느낌
분석·진단	설마 너는 아니겠지 무엇이 잘못 되었냐 하면	불편감·두려움·불신감·모멸감

상대방에게 말하다 보면 자기도 모르게 폐쇄나 회피적 발언을 할 수 있다. "난 모르겠다. 알아서 해", "그만하고 다른 얘기 해" 등의 말을 들었을 때 상대방은 두려운 감정이나 소외감 등을 느낄 수 있다.

〈표 3-11〉 폐쇄·회피

의사소통 방해	언어적 단서	상대의 느낌
폐쇄·회피	난 모르겠다. 알아서 해 그만하고 다른 얘기 해	두려움·배신감·소외감

▮ 사람들의 호감을 얻는 요령 ▮

에이브러햄 링컨의 임종을 지켜보면서 스탠턴 국방장관은 이렇게 말했다. "인류 역사상 인간의 마음을 가장 잘 움직인 사람이 여기 누워 있다." 링컨과 같이 많은 사람들의 호감을 얻는 방법은 무엇일까?

○ 상대방에게 진심으로 관심을 가져라.
○ 웃어라.
○ 상대방은 자신의 이름을 가장 소중하게 여긴다는 점을 기억하라.
○ 잘 들어라. 상대방이 스스로에 대해 얘기하도록 이끌어라.
○ 상대방의 관심사에 대해 얘기하라.
○ 상대방이 인정받는다고 느끼게 하라. 그리고 진심으로 인정하라.

(출처: 강성복·정택진 역(2009). 데일 카네기 인간관계론. 리베르)

3. 고든의 네모꼴 수용도식: 문제의 소유

고든의 네모꼴 수용도식에 따르면 의사소통 상호 간에 발생하는 문제는 '상대방의 문제', '문제없는 영역', '나의 문제'로 구분해서 볼 수 있다. 상대방의 문제는 내가 수용할 수 있는 행동이나 상대방에게 문제가 있음을 나타내는 것들이다. 문제없는 영역은 내가 수용할 수 있는 행동들이면서 동시에 상대방에게도 문제가 되지 않는 것들이다. 나의 문제들은 내가 수용할 수 없는 상대방의 행동들에 해당된다(이경순 외, 2003). 상대방의 문제인 경우에 내가 의사소통에서 사용할 수 있는 방법이 '적극적 경청'이다. 나의 문제로 인한 경우에는 'I-메시지'를 활용한다.

[그림 3-3] **고든의 네모꼴 수용 도식** (출처: 이경순 외 공역, 2003)

4. 대화와 협상에서 위기를 극복하는 기술

1) 거절하기

다른 사람과의 소통에서 거절을 어려워하는 경우가 실제로 많다. 쉽게 거절하지도 못하고 거절에 대해 대응하는 방법에 대해 알지도 못하는데 문제가 발생한다. 거절할 때는 '된다'와 '되지 않는다'를 분명하게 말하고 변명이 필요한 경우에는 짧게 사유를 말해 주며, 미안하다는 말은 자신이 그렇게 느낄 때 말하면 된다. 거절이 곤란하다면 '다음 기회에 만날까?'라는 식의 거절의 대안도 제공해 줄 수 있다.

2) 요청하기

다른 사람의 도움을 구하는 것은 중요한 자기조절 기술의 하나이다. 원하는 사항에 대해 분명하고 명확하게 전달되도록 구체적으로 요청한다. 상대방이 무조건 받아들일 것이라고 기대하기보다는 거절할 때 그 거절을 받아들일 마음의 태세도 필요하다. 요청한 내용에 대해 거절한다고 해서 나의 전부를 거절한 것은 아님을 기억하고 관계를 지속할 수 있도록 노력해야 한다.

3) 적절한 주장행동

상대방과 나의 의사소통이 원활하게 이루어지기 위해서는 바르고 적절한 주장행동이 요구된다. 주장행동은 상대방에게 피해를 주지 않으면서 자신이 말하고 싶은 것을 나타내는 행등이다. 효과적인 주장행동에는 '자기 표현적 요소', '상대방 고려적 요소', '음성적 요소', '체언적 요소'가 포함된다(김성회, 1984).

〈표 3-12〉 효과적인 주장행동의 요소

주장행동 요소	내용	주장행동 사례
자기 표현적 요소	자신이 말하고 싶은 것을 나타내는 요소	• 자신이 하고 싶은 말을 참지 않고 말한다. • 마음에 없는 지나친 사과나 변명을 하지 않고 말한다. • 하고 싶은 말이 있으면 대화의 초반에 말한다. • 자신의 마음속에 있는 그대로 솔직하게 말한다. • 다른 사람을 통하지 않고 상대방에게 직접 말한다
상대방 고려적 요소		• 상대방의 나이에 맞게 예절을 지키면서 말한다. • 상대방의 말에 관심을 기울여 주면서 자신의 말을 한다(경청). • 상대방의 말에 이해나 공감을 표시해 준다(공감).

주장행동 요소	내용	주장행동 사례
상대방 고려적 요소	상대방의 권리를 침해하거나 상대방을 불쾌하지 않게 하는 요소	• 자신의 말이 '진리'인 것처럼 말하지 않고 '자신의 입장에서 한 말이다'는 점을 강조하여 말한다(I-메시지 사용). • 자신의 말을 들었을 때, 상대방이 가질 수 있는 생각이나 느낌을 사전에 말해 준다(상대방 감정 예견). • 자신이 하려는 말과 관련하여 그 이유를 간단히 설명한다. • 서로의 입장이 다르면 타협해 보려고 노력한다.
음성적 요소	음성이 주장적인 것과 관련된 요소	• 단호하고 또렷한 음성으로 말한다. • 생동감 있는 자연스러운 억양으로 말한다. • 상대방이 알아들을 수 있을 정도의 목소리로 말한다. • 말하는 도중에 '에', '음' 등을 사용하지 않고 유창하게 말한다.
체언적 요소	말할 때의 자세나 몸짓 등 비언어적인 것과 관련된 요소	• 상대방과 적절한 정도의 거리를 유지하면서 말한다. • 말하기 전이나 도중에 주저하지 않는다. • 말하는 도중에 서두르지 않는다. • 말하는 내용과 일치하는 표정과 몸짓을 짓는다. • 손이나 발, 몸 전체를 자연스럽게 처리하면서 말한다.

4) 심리적인 설득

설득(persuation)은 의사소통을 통해 상대방의 동의를 얻거나 행동 옮기기를 필요로 한다. 따라서 가장 어려운 의사소통 중의 하나이다. 그리스의 아리스토텔레스(Aristoteles)는 에토스, 로고스, 파토스의 단계를 밟아서 설득된다고 하였다. 삼총사에 나오는 세 주인공의 이름이 에토스, 로고스, 파토스인데, 세 명이 힘을 합쳐야 가능한 것이 설득인 것이다.

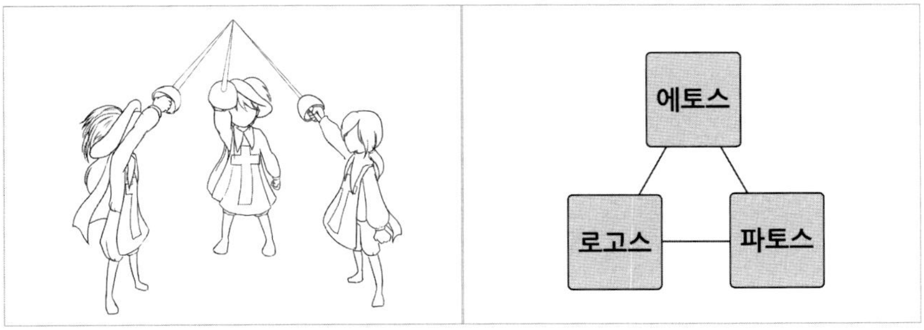

[그림 3-4] **에토스, 로고스, 파토스**

에토스(ethos)는 말하는 사람의 인격에 의한 호소를 말한다. 에토스는 그리스어 '인물'에서 유래된 말로 영어의 '윤리(ethic)'로 변화된 것이다. 신뢰가 전제되어야 말하는 이가 전달하는 내용에 대한 신뢰가 생긴다. 말하는 이에 대한 신뢰가 강하면 강할수록 설득력도 강해진다. 로고스(logos)는 그리스어로 '언어 혹은 논리'를 의미하며, 영어의 '언어(language)'에 해당한다. 이성에 호소한다는 것은 자신의 주장을 뒷받침해 줄 수 있는 합당한 근거, 정확한 사실과 의견을 가지고 논리에 맞게 말하는 것을 말한다. 즉 메시지, 논리성에 해당된다. 마지막으로 파토스(pathos)는 감성에 호소하는 것을 말한다. 말하는 사람이 신뢰를 받고 있고 객관적이고 논리적인 근거를 제시해도 듣는 사람의 감정을 이해하지 못하면 설득에 실패할 수 있다. 실제로 설득이 이루어지는 지점은 듣는 사람의 감성에 호소하는 부분에서이다(김상희 외, 2007). 일상적인 대화에서부터 공식적인 발표에 이르기까지 설득이 이루어지며, 이 과정에는 에토스, 로고스, 파토스가 상호작용하게 된다. 의사소통의 장애는 이러한 과정에 문제가 생길 때 발생한다. 즉, 의사소통은 인간관계인 것이다.

너무나 논쟁적이어서 주위 사람들과 불화를 겪었던 피히테

19세기에 독일의 피히테는 뛰어난 저술과 강의로 유명했다. 1806년 프로이센이 나폴레옹에게 패배함으로써 독일은 프랑스에 병합되는 운명을 맞게 되었다. 국가가 어려운 상황에 놓이게 되자 피히테는 1807년에서 1808년까지 베를린의 '운터 데 린덴 학사원'에서 14회에 걸쳐 "독일 국민에게 고함"이라는 강연을 하였다. 이 강연은 패망한 독일의 부활 가능성을 모색하고 국민에게 호소하는 데 목적이 있었다. 피히테의 강연은 독일 국민에게 큰 반향을 불러일으키고, 프로이센의 자유주의 개혁에 활력을 주었다. 한편, 피히테는 강한 자기 주장을 가졌을 뿐만 아니라 지나치게 논쟁적이었기 때문에 주위 사람들과 많은 불화를 겪은 것으로 알려져 있다.

5) 협상

우리나라에서 1998년 IMF로 협상에 가야 할 인재를 찾았을 때 적합한 인물을 찾지 못해 정부에서 고민을 했다고 한다. 똑똑한 인재는 많았지만 협상장에 나가서 담판할 인재는 찾기 어려웠던 것이다. 협상(negotiation)은 '두 명 또는 그 이상의 당사자가 양방향 의사소통을 통해 상호만족할 만한 수준으로 합의(agreement)에 이르는 과정'이다. 결합적 의사결정행위(jointly decided action)라고도 한다. 매매 또는 개인 간 상호작용인 흥정(bargaining)과 구분되지만, 실제로는 같은 의미로 사용될 때가 많다.

계약이나 가족분쟁, 또는 국가 간의 평화협상을 불문하고 사람들은 거의 모든 현상에서 서로의 입장을 주장하는 협상(positional bargaining)을 하기 쉽다(Fisher, Ury & Patton, 1991). 협상 당사자들이 먼저 각자의 입장을 취한 다음 타협에 이르기 위해 조금씩 양보를 해 나가는 방식이 입장에 근거하는 협상이다. 예를 들어, 손님이 가게에서 물건값을 흥정하는 방식으로써, 손님이 값을 물으면 주인이 값을 높게 부르고 손님도 먼저 값을 대폭 깎은 후에, 즉 서로 입장을 정한 후에 점차 거래 가격을 좁혀 들어가는 방식이다. 이러한 입장을 주장하는 협상은 체결에 이를 수도 있고 실패할 수도 있다. 대부분의 협상은 연속적으로 자신의 입장을 전달하고 포기하는 연쇄적인 입장주장 방식으로 이루어지는데, 이와 같은 방식의 장점은 상대에게 자신이 원하는 것을 말할 수도 있고, 불확실하고 다급한 상황 하에서 기준을 정해 줌으로써 수용할 만한 합의점을 제시할 수 있다는 것이다. 그러나 이러한 방식은 현명한 합의를 했는지, 효율적으로 협상했는지, 그리고 상대와의 관계가 손상되었는지라는 세 가지 협상 평가 기준에 비추어 볼 때 실패할 가능성이 있다(박현중·이종건·성상현, 2001).

CHAPTER 04

구두 발표의 이해

1. 구두 발표를 왜 어려워하는가?

구두 발표는 말을 잘하는 사람이든 못하는 사람이든 어려운 일이라고 느낀다. 왜 구두발표를 어려워하는가? 이는 크게 네 가지 이유로 압축될 수 있다. 첫 번째, 발표자가 한 번에 너무 많은 것을 하려고 노력하는 데 기인된다. 흔히 발표자는 과제에 대해 비현실적인 기대를 가지게 되는데, 자신이 그것을 해낼 수 없을 것이라고 생각하기 때문에 두려움에 떨게 된다. 어떤 발표자는 능수능란한 발표의 달인이 보여 주는 기술이 오랜 시간의 경험 및 훈련을 통해 정립된 것임을 잊은 채, 자신이 그 달인과 똑같이 할 수 있어야 한다고 생각한다. 이러한 영역과 관련된 전형적인 문제는, 발표자가 발표 준비에 제대로 시간 안배나 투자를 못하고 있는 점, 정보를 너무 많이 쌓아올려서는 제대로 활용하지도 못한다는 점, 그리고 제한 시간 내에 전달할 수 있도록 자료를 편집하는 것을 귀찮아한다는 점이 있다. 그 결과, 발표자는 너무 많은 정보를 접하게 되었고, 그 자리에서 즉시 편집을 해야 하는 어려운 과제에 직면하게 된다.

두 번째, 다른 사람들 앞에서 이야기하는 것에 대한 두려움을 갖는 데 기인된다. 여러 사람들 앞에서 이야기하는 것은 사람들이 행하는 활동들 중에서 가장 스트레스를 많이 받는 활동들 중에 한 가지일 것이다. 두려움은 매우 다양한 이유로 나타날 수 있는데, 음성, 말해야 할 것을 잊어버리는 것, 부끄러워서 말을 못 하는 것, 입을 다물고 가만히 있는 것, 즉석에서 질문에 답변하지 못하는 것, 지나치게 긴장된 목소리가 나는 것, 말을 더듬는 것, 무언가를 넘어뜨리는 것, 목이 말라지는 것 등 이외 여러 가지에 대한 걱정이 포함된다. 일반적으로 사람들은 자신이 다른 모든 사람들 앞에서 멍청하게, 또는 무능하게 보이게 될 것을 두려워한다(Cottrell, 2001).

세 번째 이유는 발표자의 연습 부족이다. 발표가 제대로 안 되는 대부분의 이유는 사람들이 여러 사람들 앞에서 이야기하는 연습을 제대로 하지 않았을 때 생긴다. 능숙한 수행자들조차도 무슨 일을 시작하기 전에는 매우 초조할 수가 있다. 이러한 것을 제대로 막기 위해서는 미리 준비하고 충분히 연습하는 것이다.

네 번째 이유는 자신에게 유익한 건설적인 비판을 주고받는 것에 대한 인식이 부족하여서 생긴다. 발표와 피드백을 주고받는 것은 자신의 사고를 확장시키고 융통성 있도록 자신을 성장시키는 유익한 환경을 제공한다. 그러나 비판에 익숙하지 않은 사람들은, 이를 '잘못된 점' 을 집어내는 것을 의미한다고 생각할 수도 있다. 동료들에게서 가혹한 비판을 받지 않기 위해서, 발표자는 상반되는 경로를 취하고 단지 칭찬만을 받게 되는 경우도 있다. 이러한 상황은 발표자가 발전해 나가는 데 도움을 주지 못한다.

2. 구두 발표를 위한 체크리스트

구두 발표를 잘하기 위해서 준비할 때 체크리스트를 활용할 수 있다. 웰즐리 대학교에서 사용하는 구두 발표를 위한 체크리스트를 소개하면 다음과 같다.

▮ 구두 발표를 위한 체크리스트 ▮

이 름: ____________________ 강좌명: ____________________
발표 주제: ____________________ 일 시: ____________________

☞ 해당되는 내용에 ○ 또는 × 및 적절한 답을 하시오.

① 나는 분명한 발표 주제나 이론을 가지고 있다. ( )
② 듣게 되는 청중이 누구인지, 그들이 알아야 하는 것과 알 필요가 있는 것을 나는 알고 있다. ( )
③ 나는 ________________(#)라는 주요한 요점을 가지고 있다.
④ 나는 자주 반복하고, 재생해 주며, 요약한다. ( )
⑤ 내 발표 내용의 조직은 분명하며 논리적이다. ( )
⑥ 도입과 결론이 완전하다. ( )
⑦ 관심사를 선택하였고, 그에 대한 관련 예시와 설명을 가지고 있다. ( )
⑧ 모든 결정적 그리고/또는 친숙하지 않은 용어를 정의내리고 있다. ( )
⑨ 청중의 주의를 모으기 위해 다음과 같은 기법을 사용하고 있다.

____

____

⑩ 나는 적절한 시각적 보조자료를 다음과 같이 사용하고 있다.

____

____

⑪ 나는 발표를 이끌 단어와 문구의 카드노트를 가지고 있다. ( )
⑫ 내 발표는 할당된 시간에 맞아떨어진다. ( )
⑬ 나는 계획하고 있다. (초점 맞추고 있는 2가지 혹은 3가지를 고르시오)
- 크게 말하기 ( )
- 느리게 말하기 ( )
- 습관적인 언어적·비언어적 매너리즘에 빠지는 것을 피하기 ( )
- 눈 접촉 유지하기 ( )
- 적절한 제스처 사용하기 ( )

(출처: Wellesley College, 2003-2004)

3. 연설문 쓰기

연설문은 여러 사람에게 전하는 말을 글로 쓴 것이다. 연설문은 같은 시간과 장소에서 여러 사람을 한꺼번에 설득하거나 이해시키기 위하여 직접 자기의 주장을 논리적으로 펴는 글이나 말이다. 연설문의 특징으로는 주장, 의견 등이 강하게 나타나며, 주장에는 반드시 근거가 제시된다. 문장은 간단명료하다. 일반적으로 높임말을 쓰는 것을 원칙으로 한다.

'토피카(topica)' 를 활용하는 것도 좋은 연설문을 쓰는 방법 중의 하나이다. 주요한 격언이나 명언, 책 속의 중요 문구 등을 활용하여 연설하고자 하는 내용의 핵심을 전달하는 연설문을 작성할 수 있다.

토피카 예시

- 누구나 친구라면 아무도 친구가 없다. – 독일 격언
- 교육은 기계를 만드는 것이 아니라 사람을 만드는 데 있다. – 루소
- 예술은 인간에게 빵은 아니지만 적어도 포도주이다. – 쟌 파울
- 음악이 있는 곳에 악은 없다. – 세르반테스
- 고백하면 죄는 반감된다.
- 마음은 팔 수도, 살 수도 없는 것이지만 줄 수 있는 보물이다. – 〈플로베르 수상록〉
- 종교는 말이 아니고, 실행이다. – 영국 격언
- 지혜의 첫걸음은 자신의 어리석음을 아는 것이다. – 〈게레르트의 송가〉
- 나는 생각한다. 고로 나는 존재한다. (Cogito ergo sum.) – 데카르트
- 현대의 인간은 누구나 삶을 사랑한다. 왜냐하면 현대인은 고통과 공포를 사랑하고 있기 때문이다. – 도스토예프스키 〈악령〉
- 여우는 같은 굴에서 두 번 잡지 못한다.
- 소가 마신 물은 젖이 되고, 뱀이 마신 물은 독이 된다.
- 바보는 나중에 깨닫고, 지자(知者)는 처음부터 깨닫는다.
- 걱정은 고양이도 죽인다. (Care killed the cat.) – 영국 격언

'나에겐 꿈이 있습니다(마틴 루터 킹)', '자유가 아니면 죽음을(패트릭 헨리)', '게티스버그 연설(에이브러햄 링컨)', '옛 친위대에 드리는 고별사(나폴

레옹 보나파르트)', '대통령 취임사(에이브러햄 링컨)', '마틴 루터 킹의 암살을 듣고(로버트 케네디 상원의원)', '트루먼 독트린(트루먼 대통령)', '철의 장막(윈스턴 처칠)', '노벨 평화상 수상 연설(달라이 라마)' 등과 같이 유명한 연설문이 있다. 이 연설문을 받아쓰기를 해 보면서 사용된 표현들을 음미해 보는 것은 좋은 연설문을 쓰는 데 도움이 될 것이다. 이에 훈련이 되면 주제를 가지고 연설문을 써 보는 연습을 통해 나만의 우수한 연설문을 만들 수 있을 것이다.

▮ 연설문 예시 ▮

저에게는 꿈이 있습니다. 언젠가 이 나라가 떨쳐 일어나 진정한 의미의 국가 이념을 실천하리라는 꿈, 즉 모든 인간은 평등하게 태어났다는 진리를 우리 모두가 자명한 진실로 받아들이는 날이 오리라는 꿈입니다.

저에게는 꿈이 있습니다. 조지아의 붉은 언덕 위에서 과거에 노예로 살았던 부모의 후손과 그 노예의 주인이 낳은 후손이 식탁에 함께 둘러앉아 형제애를 나누는 날이 언젠가 오리라는 꿈입니다.

저에게는 꿈이 있습니다. 삭막한 사막으로 뒤덮인 채 불의와 억압의 열기에 신음하던 미시시피 주조차도 자유와 정의가 실현되는 오아시스로 탈바꿈되리라는 꿈입니다.

저에게는 꿈이 있습니다. 저의 네 자식들이 피부색이 아니라 인격에 따라 평가받는 나라에서 살게 되는 날이 언젠가 오리라는 꿈입니다.

– 중략 –

– 마틴 루터 킹 목사의 워싱턴 대행진 연설 중 –

4. 구두 발표의 준비 단계

구두 발표(oral presentation)는 짧은 시간 안에 자신이 전달하고자 하는 내용을 명확히 하고, 상대를 설득할 수 있는 유용한 방법이다. 현대문명이 발전하고 사회로 진출하게 될수록 구두 발표의 기회가 증가된다. 따라서 효과적인 구두 발표를 위해 다음과 같이 준비하는 단계를 거쳐 발표한다면 성공적인 결과를 낼 수 있을 것이다(전명남, 2004).

구두 발표 준비를 위해서 머릿속에 명심해야 할 3가지는 첫째, 청중을 충분히 이해하는 것이다. 누가 발표를 들을 것인가? 참여하는 사람은 몇 명인가? 듣는 사람이 필요(need)로 하는 것은 무엇인가? 등을 고려하여야 한다. 적절한 스토리(story)를 찾아내고, 발표 내용을 구조화하여, 여행을 가듯이 각각의 과정을 밟도록 한다. 청중을 구두 발표의 내용에 어떻게 연관성을 가지도록 할지에 대해 고려하는 것도 중요하다(Morgan, 2003).

둘째, 효과적인 발표자는 발표를 미리 준비한다. 준비하는 데 있어서 청중, 주제 및 전달 방법의 세 가지 면에서 주의를 기울인다. 나의 발표를 듣는 청중은 누구이며, 그들이 관심을 가지고 있는 것은 무엇인가? 발표 주제는 적절한가? 어떠한 방식으로 전달할 것인가?

셋째, 발표 시에 받게 될 질문들을 예측해 본다. 미리 나올 만한 질문들을 예측해서 대답을 구상해 간다. 때로는 발표 시에 발표자가 대답해 줄 수 없는 질문이 나올 수 있다. 이때에는 주의 깊게 듣고 '미처 고려해 보지 못한 질문입니다' 라고 시작하여 나름대로 대답할 수 있는 범위에서 답한다.

효과적인 발표 준비의 5단계는 다음과 같다(전명남, 2004). 효과적인 발표 준비의 1단계는 '청중에 대해 아는 것' 이다. 발표를 듣게 될 청중들의 특징은 어떠한가? 청중의 규모는? 남성? 여성? 혹은 혼성인가? 전공자인가, 비전공자인가? 청중들은 주로 몇 학년인가? 또한, 발표의 성격이 어떠한 것인가를 파악한다. 다른 발표자들도 있는가? 그들의 발표는 자신의 것과 유사한 것인가, 아니면 다른 주제인가? 제일 먼저 할 것인가, 제일 마지막인가? 그렇지 않으면 언제 할 것인가?

효과적인 발표 준비의 2단계는 '발표 주제의 선정' 이다. 맡게 된 발표의 목적, 성격, 범위 및 제한점에 주의한다. 자신이 발표 주제를 정할 수 있다면 이미 알고 있거나 경험한 것을 다루는 주제를 선정한다. 실제로 흥미를 가지는 주제를 선택한다. 자신이 이용할 수 있는 적절한 양의 자원과 자료가 있는지 검토한다. 충분한 참고문헌, 전문잡지, 대중적인 정기간행물이나, 자신의 주제에 적합하고 시간적으로 맞는 자료가 실려 있는 출판물이 있는가를 확인한다.

효과적인 발표 준비의 3단계는 '발표 주제의 전개에 대한 계획' 이다. 발표의 목적을 결정한다. 자신은 청중에게 어떤 정보를 주기를 원하는가? 설득시키기를 원하는가? 청중이 어떤 반응을 보여 주기를 기대하는가? 그들의 견해를 변화시키기를 바라는가? 행동으로 옮기기를 바라는가? 아니면 무엇인가? 발표의 목적과 범위를 한정하는 간단 명료한 진술문을 준비한다. 발표 주제를 몇 개의 주요 영역으로 나눈다. 10~15분간의 발표에서는 주요 영역을 3~4가지 정도로 제한한다. 발표 주제에 대한 정보, 아이디어와 의견, 그리고 정보의 근원이 어디에 더 없을 것인지 알아본다. 충분히 준비한다. 발표자가 이미 알고 생각해 본 발표 내용에서 출발한다면, 자신의 품성이 발표에 나타날 수 있어서 보다 자연스럽게 발표를 할 수 있을 것이다. 특히 발표 내용을 읽는 것이 아니라 내면화 되어 자신의 말로 발표하는 것은 신뢰감을 준다.

효과적인 발표 준비의 4단계는 '발표 내용의 조직' 이다. 발표 내용의 서론을 쓴다. 청중이 발표 주제에 관심을 모으고 흥미를 일으킬 수 있도록 노력한다. 논제의 진술을 재검토한다. 즉, 이야기하려는 목적을 간단명료하게 직접적으로 진술하고 있는지 확인해 본다. 노트 카드를 쭉 훑어보고 발표에서 전개시킬 서너 개의 주요한 개념별로 분류한다. 그 다음에 중복되거나 부적절한 자료는 빼버리고 각 카드를 가장 논리적인 계열로 묶으면서 조직한다. 위와 같이 조직한 카드를 하나의 지침으로 사용해서 발표할 본론 내용의 약 65~90%에 대해 자세한 개요문을 준비한다. 3~4개의 주요개념을 정확히 서술하고, 이들 주요 표제 아래 주요 단어나 구로서 보충자료를 적어 넣는다.

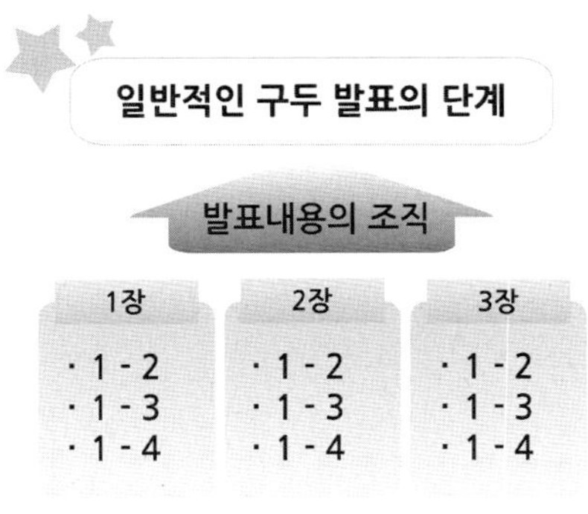

발표노트를 만든다. 발표노트에는 청중에게 꼭 설명해야 할 것들을 간단하게 기록한다. 발표 내용의 일반화를 뒷받침하기 위해서 구체적인 예, 기술적 설명, 문헌의 인용, 통계적 자료, 전문가의 견해 및 실제의 자세한 사례 등을 든다. 자신의 주요 생각을 잘 표현할 수 있는 언어적 수단을 개발한다. 청중들이 발표 내용을 발표자 자신과 함께 정신적으로 호응하며 따라갈 수 있도록 적당한 때에 반복하고, 연관짓고, 개관하고, 열거하고, 요약하는 등의 방법이 있다.

발표 내용의 결론을 쓴다. 결론은 발표 내용의 주요점의 단순한 요약이나 주제의 재강조 이상의 것이 되도록 노력해야 한다. 결론이 훌륭하면 자신의 발표에 대해 완벽성을 느끼게 되고 청중들은 주제에 대한 어떤 생각과 느낌을 가지고 발표장을 떠나게 된다.

효과적인 발표 준비의 5단계는 '전달기술의 연습' 이다. 발표의 도입, 주제 제시, 본론과 결론을 10×15cm의 노트 카드에 메모하기도 도움이 된다. 한 면만을 사용하고 카드에는 순서의 혼란을 막기 위해서 번호를 붙인다. 발표 내용의 개요를 소리를 내지 않고 읽어 보고, 다음에 큰 소리로 여러 번 철저히 읽는다. 여기서의 목적은 발표할 내용문을 암기하기 위해서가 아니고 아이디어의 흐름을 익히려는 것이다. 가능하면 발표할 장소의 물리적인 환경을 살펴본다. 방의 크기와 그 방의 물리적 특징, 빔프로젝트와 OHP, 마이크 등의 장치 및 그 유효성을 알아본다. 그러면 발표 장소의 특징들을 염두에 두고 연습할 수 있다.

1) 구두 발표의 출발선에서

새로운 구두 발표를 시작하기 전에 어떻게 전체 발표를 진행할지 머릿속에 그린다. 미리 발표와 관련된 여러 가지 정보를 확인하고 발표 계획을 세우는 것이 도움이 된다.

○ **청취하는 사람들에 대한 정보는...**

- 발표를 듣는 사람의 수는 몇 명인지...
- 발표를 듣는 사람들의 성별, 연령, 분야, 전문 영역은 어떻게 되는지...

○ **발표 시간 정보...**

- 총 발표 시간과 휴식시간 등을 체크...

○ **기존에 발표된 내용을 새로 맡는다면...**

- 이미 발표를 맡았던 사람을 확인해서 조언을 구해 본다. 구체적으로 발표 계획과 전체 흐름, 발표 목록이나 발표 자료 등...

○ **발표장의 환경은...**

- 일반적으로 앞뒤로 긴 발표장보다는 옆으로 넓은 발표장이 주의 집중에 효과가 있다. 부득이 앞뒤로 긴 발표장이 배정되었다면 듣는 사람들을 발표자 쪽으로 모이게 하는 등의 주의를 기울일 필요가 있다.

○ **기자재를 사용한다면...**

- 멀티미디어 발표실의 전자칠판, 교탁 등을 사용할 경우, 전원의 위치, 스크린 유무 등을 파악해 둔다.
- 문제 발생 시 연락처는 어떻게 되는지 미리 알아 둔다.

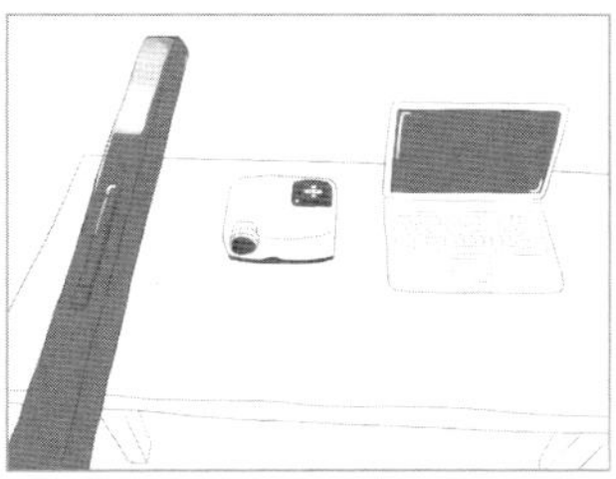

※멀티미디어가 구비되지 않은 발표장에서는 이동식 프레젠테이션 장비를 활용할 수 있다. 기자재를 관리하는 기관에 문의해 둔다.

2) 간편 발표 준비 3단계

5. 발표는 시작이 반이다

발표장 내의 고조된 기대감, 짜릿한 긴장감, 초롱초롱한 눈망울이 가득 찬 발표장 분위기는 발표자에게 기대와 흥분을 가져다준다. 이러한 발표장 분위기를 잡는 가장 중요한 기회가 첫 발표의 말문을 트는 것이다. 발표장에서 한 번 흐려진 분위기를 다시 잡는 것은 매우 어렵기 때문에, 발표를 시작할 때 주의가 필요하며, 긴장감을 발표에 대한 열정으로 전환시킨다.

1) 간략한 발표 내용 나누어 주기

듣는 사람들의 주의집중도를 높이기 위해 미리 발표 계획이나 발표 내용을 담은 용지를 나누어 주는 것도 듣는 사람들을 위한 배려의 표현이 될 수 있다.

2) 열의 보여 주기

발표에 호기심과 기대를 가질 수 있도록 발표 내용과 관련된 자료를 가져오거나 영상매체를 짧게 보여 준 뒤 앞으로 배울 내용을 소개한다. 이 발표 내용이 다른 주요 주제와 어떤 연관을 맺고 있는가 하는 '큰 그림' 을 보여 준다. 발표 내용에 대한 개요(outline)는 발표 내용의 '가치' 와 '중요성' 을 알려 준다. 큰 그림을 놓고 매 발표가 어떤 식으로 짜여져서 다른 내용과 연계성을 갖게 되는가를 설명하고, 궁극적으로 이 발표 내용을 통해 실생활에 어떤 의미를 얻을 수 있는가를 설명해 줄 때 그 발표를 듣는 사람들의 동기를 유발시킬 수 있다.

3) 발표 10분 전: 발표 카운트다운

발표 10분 전, 발표 시작 전에 혼자서 차분히 마음을 가다듬는 시간이 필요하다. 발표의 전체적인 흐름을 머릿속에 그려 보고, 발표의 시작과 진행, 마무리까지 전체적인 틀을 정리한다.

발표 전에는 어디에 있어야 할까? 발표 직전까지 식사를 하고 허겁지겁 발표장으로 달려간다거나, 발표 시간보다 늦게 들어와 허겁지겁 발표 자료를 꺼내든다면 청중은 '발표자가 성의가 없다' 고 생각한다.

발표장에 미리 도착하는 것은, 청중과 친해지는 좋은 방법이 될 수 있다. 일찍 온 사람들과 이야기를 나누면서 다른 발표를 들은 경험이 있는지, 듣는 사람의 관심은 어떤지, 발표를 통해 알고 싶은 점이나 얻기를 기대하는 것이 무엇인지에 대한 정보를 얻을 수 있다. 발표 5분 전에 대화를 나눈 사람들은 발표자와 친밀한 관계가 형성되어 발표시간 중 질문하거나 상호작용을 할 때에도 덜 주저하게 될 것이다.

4) 발표 전 긴장 풀기

많은 청중들 앞에 서게 되면 누구나 긴장하게 마련이다. 발표를 앞두고 '긴장하면 안 되는데...' 하고 생각하면 점점 더 긴장하게 된다. 이럴 때는 '내가 긴장하고 있다' 는 사실 그 자체를 받아들이는 것이 차라리 효과적이다.

발표 전 긴장을 푸는 데 도움이 되는 몇 가지 전략은 다음과 같다. 발표를 시작할 때 유인물을 나누어 주기 위해 움직이면서 자연스럽게 긴장을 풀 수 있다. 발표 내용에 관련된 시사 문제나 사건, 사례 등으로 말문을 연다. 심호흡을 한다. 코로 숨을 길게 들이마시고, 길게 내쉰다. 심호흡을 되풀이하다 보면 경직된 어깨가 부드러워짐을 느낄 수 있다. 발표를 하면서 자연스럽게 움직인다. 발표를 시작하는 장소에서 옆으로, 앞뒤로 몇 걸음 걸어다니거나 손짓을 활용하면 자연스럽게 긴장이 풀린다.

5) 사과나 변명으로 발표를 시작하지 않는다

자신의 발표가 매우 보잘것없다는 사과로 발표를 시작하는 사람들이 의외로 많다. 이는 청중들의 수용도나 분위기에 부정적인 영향을 끼친다. 사과나 변명이 필요하다면 발표의 마지막에 하는 것이 낫다.

6) 듣는 사람들의 동기를 유발하는 발표 첫마디

'무슨 말로 발표를 시작할까? 적절한 발표의 첫마디가 청중에게는 발표에 주의를 기울이는 동기를 부여해 줄 수 있다. 발표 시작 첫마디는 호기심을 유발하는 질문을 사용할 수 있다. 발표 내용의 핵심을 뚫는 질문이나 예화, 현재 이슈인 사건과 강의 내용의 연결, 선입견을 벗어나는 말, 호기심과 기대를 불러일으키는 말 등이 유용하다.

7) 발표를 시작할 때 삼가야 할 것들

발표를 농담으로 시작하는 것은 위험 부담이 큰 방법이다. 모처럼 시도한 유머가 분위기를 썰렁하게 만든다면 당황하게 될 것이다. 청중의 주의 집중 없이 시작하자마자 기자재를 사용한다면 어수선한 분위기로 수업이 시작된다. 멀티미디어 자료 등을 사용하려면 자료의 배경 설명을 한 다음 사용하는 것이 효과적이다. 발표를 자신있게 시작한다. 인사치레 같은 겸손, 즉 "여러분보다 조금 더 아니까…." "이 분야에 대해서 조금 아니까 그냥 아는대로 이야기해 보면…."은 청중들에게 신뢰감을 떨어뜨리게 한다. 그렇다고 무턱대고 발표자 자신을 자랑하는 것도 도움이 되지 않는다. "나는 ○○○ 있고….", "나는 ○○를 했고…." 는 청중에게 좋지 못한 이미지를 줄 수도 있다.

6. 나만의 발표 이미지 만들기

자신감 있고 깔끔한 모습으로 말하는 사람에게 신뢰를 가지게 된다. 발표를 할 때의 용모와 자세를 다듬어 나만의 이미지를 창출할 수 있어야 할 것이다.

발표 효과를 높일 수 있는 모습

- 머리, 수염, 손톱이 잘 정리된 모습으로 발표대에 선다.
- 가장 전통적인 정장 차림은 흰색 셔츠에 검정이나 짙은 청색, 혹은 회색 양복이다.
- 양복을 입을 때 양말은 가능한 한 구두색과 맞춘다. 흰색 양말은 피한다.
- 액세서리가 너무 화려한 것은 피한다. 청중의 눈이 액세서리에 집중하게 된다. 물론 옷의 색이 화려한 것도 주의한다.
- 주머니에 동전이나 핸드폰, 열쇠 등을 넣고 만지작거리지 않는다.
- 발표자의 밝고 환한 얼굴도 발표 효과를 높이는 전략이다.

1) 곧고 바른 자세를 취한다

인사를 할 때에는 눈부터 가슴에까지 이르는 '존중역(honor zone)' 이라 불리는 부분이 다른 사람의 시선에 보여지는 것이 좋다. 이는 신뢰감과 안정감을 준다. 발언할 때 배에 힘을 주고 어깨를 펴서 목과 머리가 일직선이 되면 편안한 목소리가 나온다.

2) 손은 편안하게 둔다

발언할 때 팔짱을 낀다거나 뒷짐 지는 자세는 좋지 않다. 특히 조심해야 하는 것은 손가락 끝이 상대방에게 향하지 않도록 하는 것이다.

3) 발언을 시작할 때 시선은 말하는 쪽의 정면에 앉은 참가자 쪽으로 둔다

시작할 때는 시선을 정면에 두는 것이 안정감이 있다. 눈을 마주친 사람은 '쌍방적(mutual)' 이 되었다는 느낌을 받기 때문에 이야기를 적극적으로 수용하게 된다.

4) 시선은 청중을 향해 골고루 뿌려 준다

청중과 빈번한 눈맞춤을 한다. 친한 한두 사람에게만 시선이 모아진다거나 대상을 정하여 말하지 않는다. 시선을 전체적으로 뿌려 주면 청중이 자신의 편이 되는 느낌을 가질 수 있다. 청중이 앉아 있는 곳을 2구획, 4구획, 5구획으로 나누어서 각 구획별로 시선이 함께 향하도록 한다. 시선이 마주치는 청중에게 미소를 짓는다.

5) 발표할 때 곧고 바른 자세에서 시선을 둔다

발표 장면에서 시선과 몸이 일치되어 향할 수 있도록 움직인다. 어깨를 비튼 상태에서 다른 사람을 바라본다거나 몸은 향하지 않고 시선만 주는 자세는 의도와는 다른 메시지를 전달할 수도 있다.

6) 부드러운 목소리를 사용하되 다른 사람들이 알아들을 수 있어야 한다

프레젠테이션에서 분명하게 알아들을 수 있는 목소리가 토의에 적절하다. 알아들을 수 없는 말을 하거나 '웅얼웅얼' 하지 않도록 한다. '어', '에', '음' '저', '마' 등과 같은 의사전달과 무관한 습관적인 군말들을 사용하지 않도록 발언 시에 자가 점검이 요구된다.

7) 목소리에 강약과 완급을 준다

강조하고 싶은 부분에서 크게 말하거나 악센트를 주는 등의 목소리 톤을 조정한다. 발표할 때 자신의 관심 분야가 거론되면 의도와 관계없이 말이 빨라진다. 이때 청중들의 이해를 구하기 어렵기 때문에 그 속도를 조절한다.

8) 발표할 때 준비노트를 그대로 읽지 않아야 한다

발표할 때 준비한 노트를 그대로 읽는 경우가 빈번하다. 발표도 일방향 커뮤니케이션이 아니라 대화를 나누는 것과 마찬가지로 쌍방향으로 이루어져야 한다.

9) 말 끝을 올리거나 흐리지 않는다

발언 시 중요한 내용의 전달은 명확하게 말하다가, 끝부분에 가서는 흐지부지 마무리하는 경우가 많다. 마지막 톤이 분명할 때 말의 선명도가 높다.

10) 말을 하다가 적당히 멈추어 듣는 사람들의 반응을 살핀다

발표는 독백이 아니라 상호작용으로 이루어지는 것이다. 일반적으로 '침묵의 미'인 '잠시 멈추기(pause)'는 발언자의 의사전달에 있어서의 설득력을 높여 준다. 그러나 '음', '아', '어어'와 같은 습관적 언어를 사용한다거나 더듬거리다가 잠시 멈추는 것은 좋은 영향을 주지 못한다.

7. 귀 기울이기

말을 잘하는 사람보다는 잘 들어 주는 사람이 더 친근함을 준다. 발표도 잘하고 듣는 사람의 말을 잘 들어 준다면 청중들은 발표자를 좋아하게 될 것이다. 청중의 이야기에 귀를 기울인다.

질문이나 대답, 발표가 끝나고 약 1~2초간 기다리는 시간을 갖는다. 또한, 청중의 이야기를 듣고 이해가 안 되는 부분이 있다면 발표자가 다시 물어본다. 그러면 청중은 자신의 이야기에 관심을 가져 준다고 생각하고 고마워할 것이

다. 이외에도, 청중들이 대답할 때 말한 내용이 맞는지 발표자가 정리해서 청중에게 다시 물어보는 것도 발표한 내용을 잘 전달하는 방법이다.

8. 목소리 조절하기

'발표장이 쩌렁쩌렁 울리는 큰 목소리로…', 아니면 '모기 같은 작은 목소리로….'

발표하는 것을 녹음해 본 적이 있는가? 누구나 자신의 음성을 듣고는 "정말 내 목소리인가?" 하고 의심을 할 정도이다. 더욱이 목소리뿐 아니라 내용 전달에 있어서도 마음에 안 드는 경우가 많다. "이때는 좀 더 강조를 했어야 하는데.", "너무 목소리가 작네." 발표자의 음성이 성우 같을 필요는 없지만 조금만 주의하면 좋은 내용을 잘 전달하는 발표자가 될 수 있다.

1) 속도에 변화를

속도를 빠르게, 느리게, 밀고 당기고 해서 변화를 준다면 듣는 사람들이 지루하지 않을 것이다. 우리나라 사람들이 가장 듣기 쉬운 말의 속도는 분당 260-270자로 알려져 있다.

2) 목소리에 변화를

너무 큰 목소리도 귀가 멍멍하지만 시종일관 너무 작은 목소리에 귀를 쫑긋 세우는 것도 힘든 일이다. 보통 발표할 때의 소리 음은 남성의 경우 약간 낮은 톤의 '미' 음 정도, 여성은 '솔' 음 정도가 적당하다.

발표 속도와 음성의 억양을 준비한 자료에 맞도록 조정하는 연습을 한다. 주요한 사상이나 어려운 내용을 이야기할 때는 보다 천천히 그리고 정중하게 말하고, 예를 들거나 해설적인 일화를 들 때는 조금 빠르게 그리고 대화조로 말한다.

적절히 큰 소리로 이야기하여 모든 사람이 분명하게 들을 수 있도록 한다. 청중들 가운데서 특별히 이야기에 주의를 기울이고 있는 몇 사람을 찾아내서, 눈을 응시하고 바로 그들을 향하여 이야기함으로써 그들과 친숙한 관계를 형성하면 좋다.

3) 나쁜 습관은

습관적으로 '에', '음', '어', '흠흠' 같은 소리를 낸다면 듣는 사람은 피곤하게 된다. 친구들이 있는 데서 발표연습을 하거나 녹음 또는 동영상으로 녹화를 해 본다. 녹화는 반복이나 잘못된 발음, 헛기침이나 '에에' 하는 등 자신의 음성과 발표 모습을 이해할 수 있도록 돕는다.

4) 발음을 정확히

말끝이 흐려지는 경우, 입속에서 웅얼웅얼하는 경우는 청중이 메시지 전달을 확실하게 인식하기 어렵다. 따라서 발음을 정확하게, 소리가 전달되도록 신경 쓴다.

5) 침묵을 사용한다면

잠깐 침묵을 사용하는 경우 발표 내용을 정리해 볼 수 있고, 또 주의를 모을 수 있다. 침묵은 전체 청중을 좌우로 한번 둘러볼 수 있는 정도면 적당하다.

9. 움직임으로 시선 끌기

가만히 서서 앞만 보고 발표하는 것보다 움직이면서 발표를 하면 청중들의 주의를 집중시킬 수 있다. 발표를 하면서 움직일 때는 3~4걸음 정도 양 옆으로 천천히 움직인다. 특별히 강조할 내용이 있다면 1~2걸음 정도 앞으로 걸어 나가는 것도 효과적이다.

발표 내용과 움직임이 연관성이 있어야 한다. 중요한 내용은 몸짓을 크게 하고, 덜 중요한 것은 몸짓을 작게 한다.

발표할 때 요점을 강조하기 위해서 적절한 몸짓이나 기타 신체적인 동작을 사용한다. 그러나 이러한 몸짓이나 동작은, 너무 강조하거나 꾸미기보다 자연스러워야 한다.

자신의 용모나 태도를 되살펴 본다. 옷차림이 발표 상황에 적절하겠는가를 확인해 본다. 선 자세는 바로 하고, 청중의 분위기를 흐트려 놓을지도 모르는 신경질적인 행동은 삼가도록 의식적인 노력을 한다.

청중들의 반응에 민감해야 한다. 청중들이 당황해 하는지 불안해하는지 등을 알아보기 위해 그들의 반응을 살핀다. 그들의 반응에 따라서 이야기를 천천히 하든지 설명을 더 많이 덧붙이든지 혹은 너무 자세한 내용은 줄이든지 할 필요가 있다.

10. 청중과 눈 맞추기

일반적으로 발표는 일방형(One Way) 커뮤니케이션이 되기 쉽다. 그러나 청중과 눈 맞추기를 잘 하면 양방향(Two Way) 커뮤니케이션으로 진행할 수 있다. 눈 맞추기를 잘 하면 "아! 발표자가 프로답다" 등의 인상을 줄 수 있다.

눈 맞추기 방법

○ 어떠한 경우라도 시선은 청중에게 둔다.
○ 한 사람 한 사람씩 차례로 전체에게 한다.
○ 대충 건너뛰는 일이 없도록 한다.
○ 청중 전체에게 이야기하는 것이 아니라 청중 가운데 누군가의 눈을 보며 발표한다.

습관적으로 발표장의 특정 부분이나 편한 몇몇의 청중들에게만 시선이 치우치기 쉽다. 상대적으로 발표자와 눈을 마주치지 못하는 청중 등은 소외감을 느끼게 될 수 있다.

시선을 너무 빨리 움직이지 말고 청중 한 사람 한 사람에게 시선을 정지시킨다. 처음엔 서툴러도 몇 번만 연습하면 백발백중의 실력을 금방 쌓을 수 있다. 처음엔 별 관심 없는 청중이라도 자기와 눈을 마주치는 발표자의 발언에 관심을 가지게 될 것이다.

발표 시 시선을 다음 그림과 같이 움직여 볼 수 있다. 청중의 대부분이 발표자와 눈 맞춤을 했다고 생각할 것이다. 좌우 앞 부분의 사각지대에도 신경을 쓴다.

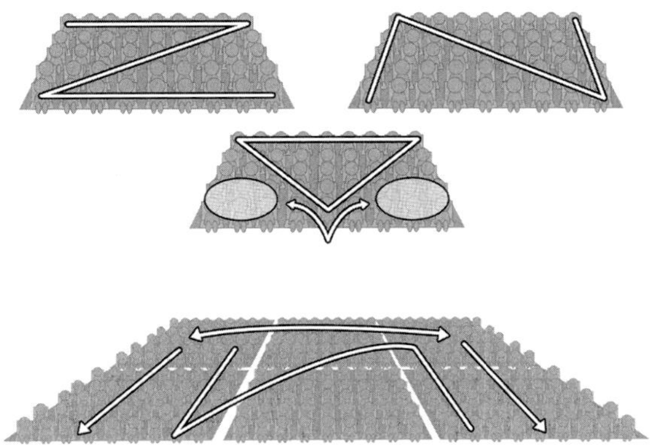

11. 어수선한 발표 분위기 반전시키기

발표를 하다 보면 술술 풀리는 날이 있는가 하면, 또 어떤 날은 괜히 삼천포로 빠지고 맥이 풀리는 것 같은 날이 있다. 발표 준비도 철저히 했고 컨디션도 좋은데 그럴 수 있다. 이것은 주로 청중들의 태도와 반응에 영향을 받는다고 한다. "이럴 때 어떻게 발표 분위기를 바꿀까?" 쉬는 시간이 아직 되지 않았더라도 잠깐 쉬는 시간을 갖는다. 혹은, 발표를 멈추고 청중들에게 질문을 한다. 단답형이 아닌 가볍게 생각해서 답할 수 있는 질문을 한다. 이외에도 발표 내용과 관련 있는 재미있는 사례, 최신 뉴스, 에피소드에 대해 이야기할 수 있다. 발표와 관련이 없더라도 간단한 유머나 주변 이야기 등의 이야기 보따리를 조금 푼다. 또한 의자에 앉아서 간단히 할 수 있는 스트레칭 2~3가지 정도를 해본다거나, 라이브 실황 콘서트 장면을 3~5분 정도 준비했다가 쉬는 시간에 틀어 주어서 분위기를 바꾸어 줄 수 있다.

발표 중 유머를 활용하는 방법

- ○ 발표 내용과 관련된 유머를 활용한다.
- ○ 단순하고 신선한 유머를 쓴다.
- ○ 유머를 말하는 중에 먼저 웃지 않는다.
- ○ 특정한 사람을 비방하거나 감정을 상하게 하는 유머는 삼간다.

12. 발표 자료의 준비

1) 발표를 하면서 칠판 활용하기

발표하면서 판서까지 한다면 시각적으로 요점이 강조되고 발표의 효과도 커진다. 요즘은 발표에 첨단 매체 등이 많이 활용되지만, 칠판은 오랫동안 사용되어 온 방법이다. 칠판 사용은 미리 계획한다. 발표를 하다가 생각나는 대로 적지 말고, 전체 발표 내용에 비추어 칠판에 적을 내용을 미리 정한 후에 발표에 들어간다. 적어야 할 내용이 많거나 판서의 진행 사항을 반드시 보아야 할 내용이 아니라면, 발표 시간 전에 대부분 판서해 두는 것도 한 방법이다. 복잡한 표나 수식, 그림 등은 미리 복사하거나 OHP, 파워포인트 등을 활용한다. 발표 시에 청중이 잘 보이지 않는 칠판의 하단 끝까지 사용하지 말고, 적은 내용은 발표가 끝날 때까지 그대로 두는 것이 좋다(엄우용·전명남, 2006).

▮ 잠깐! 주의! ▮

○ 제일 뒤에서도 알아볼 수 있는지.
○ 칠판은 깨끗이 지워져 있는지.
○ 파란색 분필이 잘 보이는지.
○ 방금 쓴 내용을 바로 지우지는 않는지.
○ 약자를 너무 많이 쓰는 건 아닌지.
○ 칠판에 글씨를 쓰면서 등을 돌리고 있지는 않은지.

2) 발표 중 동영상 자료 활용 4P

동영상 자료는 현대인에게 익숙하고 간편하며 사용이 쉽다는 이유 때문에 자주 사용되는 매체이다. 그러나 발표 내내 비디오를 보게 한다면 별 효과가 없을 것이다(엄우용·전명남, 2006).

○ Prepare 미리 동영상을 만들거나 준비해 둔다.
○ Provide 청중들에게 동영상을 제시하는 이유 및 시청 초점을 소개한다.
○ Play 화면을 보여 준다.
○ Present 중요한 발표 포인트를 설명하거나 요약한다.

먼저 준비(prepare) 단계이다. 동영상 자료는 여러 가지 형태로 되어 있다. 아날로그 자료(video, audio)는 디지털 자료(avi, wmv, mpg)로 변환하여 동영상 자료로 준비하면 된다. 유튜브와 같이 쉽게 주소창만 발표 자료에 복사해 두어도 온라인이 되는 곳이면 어디에서든지 동영상에 접근 가능하다.

다음은 제공(provide) 단계이다. 청중들에게 동영상 내용을 보는 목적에 대해 설명해 주며, 동영상과 발표 내용의 연관성이나 시사점을 함께 제공한다. 동영상 자료를 보여 주기 전에 발표한 내용과 어떤 관련성이 있는지 소개하거나 무엇을 말하고 있는지, 사후 토론이나 발표에 연결시킬 것에 주의하면서 제공한다.

▮ 예시 ▮

미리 워크시트와 같은 자료를 나눠 주고 '동영상 시청 후 워크시트의 빈칸을 완성하라' 등과 같은 지침을 제공하면 동영상 시청의 소정의 목적을 달성할 수 있을 것이다.

다음 단계는 동영상 화면을 보여 주는(play) 단계이다. 발표 시에 활용할 경우 짧은 단위를 활용한다. 30분짜리 동영상을 처음부터 끝까지 보여 주기보다는 한 번에 3~12분 정도씩 나누어서 동영상을 시청하도록 하는 것이 좋다.

마지막 단계는 제시(present) 단계이다. 동영상을 보여 주면서 혹은 보고 난 후 중요한 발표 포인트를 설명, 요약해 준다.

▮ 예시 ▮

첫 번째 부분을 소개한다.

→ 약 10분 정도 내용 전개에 맞게 비디오를 보여 준다.

→ 해당 부분을 토론한다.

→ 두 번째 부분을 첫 번째 부분과 관련시켜 소개한다.

→ 두 번째 부분을 10분 보여 주고 이와 같이 반복한다.

3) 파워포인트를 활용한 프레젠테이션

발표를 프레젠테이션(presentation)이라고 하는데, 이는 '선물을 주다'의 변형 명사이다. 프레젠테이션에는 정보와 전달하고자 하는 내용이 포함되어야 한다. 구체적이고 꼼꼼한 설계 없이 아름답고 멋진 집을 지을 수 없듯이, 프레젠테이션 슬라이드 또한 철저한 계획 없이 멋지고 효율적인 디자인이 나오지 않는다. 각 슬라이드마다 어떤 원고 내용을 어떤 방식으로 구현할 것인지 철저하게 설계한 다음, 디자인 작업에 들어가는 것이 좋다.

파워포인트는 마이크로소프트사에서 나온 소프트웨어로서 회의나 브리핑에 필요한 프레젠테이션을 쉽고 간단하게 만들 수 있게 도와주는 프로그램이다. 빠른 시간에 글과 그림, 동영상, 음향 등 모든 멀티미디어를 활용하여 프레젠테이션을 할 수 있게 해 준다. 파워포인트는 화면 프레젠테이션, 투시물 자료(OHP필름), 35mm 슬라이드, 인쇄물(유인물, 노트, 개요), 웹 문서 제작에 사용할 수 있다.

- PPT의 좋은 예 -

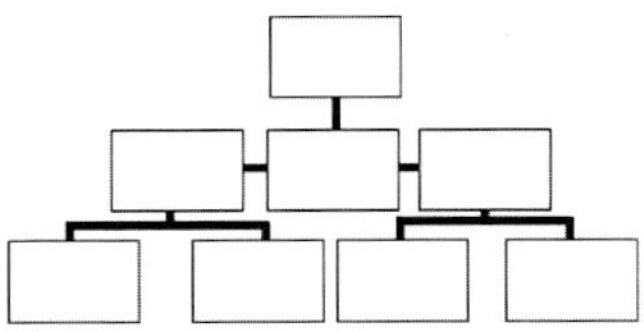

1. 설계도를 그릴 것

2. 내용은 간결하게

3. 여백의 미

4. 배경은 어둡게

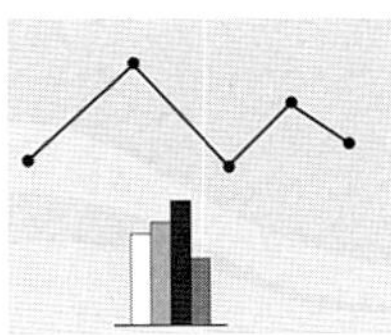

5. 도형이나 그래프를 이용할 것

○ 내용은 되도록 적게 넣는다.

한 개의 슬라이드에 이것 저것 내용을 많이 넣지 않는 것이 좋다. 텍스트는 간결하고 짧게 끊어 입력한다.

○ 여백의 아름다움을 살린다.

프레젠테이션 슬라이드에는 적당히 빈 공간이 있어야 보기 좋다. 너무 꽉 차서 숨 막히는 화면 구성은 청중에게 여유 없는 사람과 대면한 것 같은 부담감을 주게 된다.

○ 배경 색상은 될 수 있으면 어둡게 만든다.

어두운 공간에서 여러 사람들을 대상으로 진행하는 프레젠테이션을 준비하는 경우에는 배경 색상을 어두운 색으로 사용하는 것이 좋다. 너무 강렬한 색상과 화려한 디자인은 오히려 청중의 주의집중을 어렵게 만들 수 있다.

○ 다양한 도형과 그래프를 이용한다.

프레젠테이션에서는 기본적으로 원고 내용을 청중에게 쉽고 빠르게 전달해야 하므로, 슬라이드를 디자인할 때에는 주목성, 가독성, 명쾌성, 조형성, 창조성 등을 충분히 고려해야 한다. 직사각형의 슬라이드 공간을 완전히 새로운 공간으로 창조할 수 있도록 도형과 차트, 그림과 사진, 사운드와 등영상 자료 등을 적절하게 배치하고, 전체적으로 통일된 질서를 유지할 수 있는 종합적인 구성력과 조합 능력이 필요하다(엄우용·전명남, 2006).

▌파워포인트 제작 화면 구성의 원칙▐

○ 충분한 여백을 활용한다.
○ 첫눈에 시각적 자료가 말하고자 하는 내용을 알아차릴 수 있도록 한다.
○ 단순(simplicity)하고 짧게, 크고 읽기 쉬워야(legible) 한다.
○ 균형(balance)이 있어야 한다.
○ 시선이 왼쪽 상단에서 가운데 아래쪽으로 움직일 수 있도록 내용을 배열한다.
○ 정렬

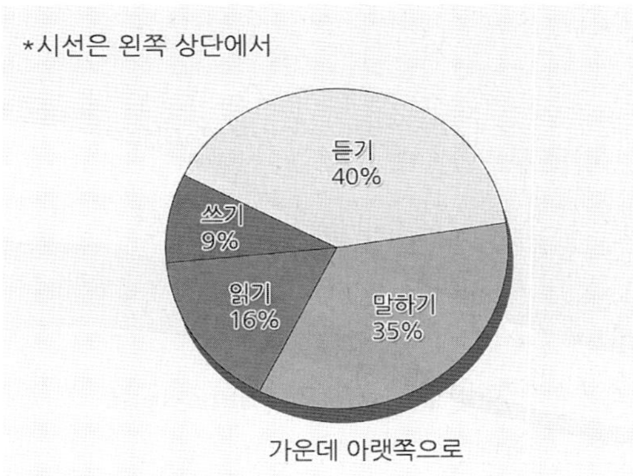

*왼쪽 정렬이
*가장 기본적이고
*안정적인 정렬이다.

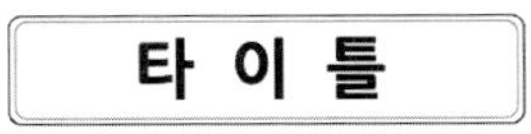

*가운데 정렬은 제목을 제시할 때

*오른쪽 정렬은 텍스트 양이 적거나
주의를 끌고 싶을 때

파워포인트를 활용할 때 시각 언어의 활용 원칙

○ 하나의 슬라이드에 하나의 개념을 넣는다.
○ 제목은 다섯 단어 이내로 한다.
○ 핵심만 담는다. 문장이나 단락 전체를 화면에 그대로 제시하는 것은 금물이다.
○ 시각 자료에서는 마침표를 사용하지 않는다.
○ 내용은 가로로 배열한다.
○ 한 화면에는 7줄, 한 줄에는 7단어 내외로 구성해야 한다.
○ TP(Transparency)의 글자 크기는 24포인트, 18포인트, 16포인트가 적당하며, 슬라이드에서는 32포인트, 28포인트, 24포인트가 적당하다.
○글자체

명조체와 같은 글자 형태는 인쇄물에 적당하다.

바탕체, **궁서체**, **필기체**보다는 고딕체가 좋다.

투시물 시각 자료에는 Serif체보다 **Sans-serif**체가 좋다.

윤곽체, 그림자체, 밑줄체는 특별한 경우만 사용한다.

파워포인트 활용은 어디까지나 발표 보조자료이다. 구두 발표만으로도 발표 내용을 전달할 수 있다면 굳이 사용하지 않아도 된다. 하지만 시청각 매체를 활용함으로써 발표의 효과를 더욱 높일 수 있다면 과감하게 사용한다.

아뿔사

○ 스크린만 쳐다보면서 발표한다.
○ 시간 배분을 적절하게 하지 않고 발표장을 컴컴하게 해 놓고 장시간 발표하다 보니 많은 청중들이 잠들어 버렸다.
○ 발표 끝날 때까지 전혀 제스처나 움직임 없이 말만 한다.
○ 온갖 화려한 애니메이션은 청중들을 혼란스럽게 한다.
○ 깔끔하지 않고 오타도 많으며, 수정 볼 것이 많아 지저분한 감을 준다.

파워포인트의 활용

○ 화면 프레젠테이션
○ 투시물 자료(OHP필름)의 제작
○ 35mm 슬라이드 제작
○ 인쇄물(유인물, 노트, 개요) 제작
○ 웹 문서 제작

4) 프레지 활용

프레지(Prezi)는 프레젠테이션을 위한 시각 보조자료를 만드는 도구이다. 자료는 프레지에서 제공하는 클라우드 또는 개인 메모리에 저장할 수 있다. www.prezi.com에 회원 가입을 한 후 사용할 수 있다.

프레지는 ZUI(Zooming User Interface) 방식을 사용하며, 온라인과 오프라인 모두 사용할 수 있다. 화면의 확대 및 축소, 이동이 용이하다. '한국프레지사용자모임' 인 www.prezi.co.kr에서 배포한 자료를 참고하여 사용할 수 있다.

13. 발표 진행

1) 발표자는 변호사이지 피고인이 아니다

발표되는 내용은 발표자의 생각이지 발표자 자신이 아니다. 발표가 이루어지는 동안 변호사로서 스포트라이트를 받게 된다.

2) 발표 핵심이 전달되도록 전개해 나간다

발표를 단순히 흥미 위주로만 전개시키지 않는다. 각 주요 개념에 대해서 그 요점을 재빨리 파악하고 그것을 예나 설명을 통해서 체계적이고도 논리적으로 전개시킨다.

14. 발표 마무리: 유종지미

1) 정시에 시작하고 정시에 마치기

발표자는 제한 시간을 준수한다. 가장 핵심적인 부분을 발표하고 있는데 이야기를 끝맺어야 할 때를 맞는 것은 매우 안타까운 일이다. 발표할 내용의 주제를 넓히거나 좁혀서 발표 시간을 조정한다. 발표 해당 영역에 불필요한 부분까지 발표하지 않는다. 적절한 발표량의 배경지식을 추정하여 시간 내에 전달될 수 있는 지식이나 정보를 다룬다.

발표는 시간을 지켜서 마친다. 그리고 발표장에 잠시 남아 있는다.

발표 시작을 준비한 것처럼 발표 끝맺음도 준비한다. 발표가 끝나기 10분 전부터 끝맺음을 시작한다. 이번에 발표한 내용을 정리해 주거나, 청중들이 들은 내용에 대해 질문할 시간을 준다.

마지막 5분간의 정리를 통해서 발표자들은 청중들에게 적절한 피드백을 할 수 있고, 발표 방법 개선의 자료로도 사용할 수 있다. 또한 청중들에게는 발표에 참여도를 높이는 데 도움을 줄 수 있다. 강의를 5분 정도 일찍 끝내고, 마지막 정리를 통해서 청중들이 발표 내용을 이해하고 심리적으로 물리적으로 정리할 수 있는 시간을 제공한다.

발표 시간보다 더 많은 내용을 준비해서 발표 시간을 넘기는 경우가 있다. 발표 시간을 넘겨 발표하는 것은 청중을 위하기보다는 오히려 발표자의 자기만족을 위한 경우가 많다. 강의 마침 시간이 넘어가면 청중들은 발표자의 메시지가 귀에 들어오지 않는다. 청중들의 마음은 이미 다른 곳으로 달려가고 있다.

또한, 발표를 마치고는 겁에 질린 어린애처럼 도망치듯 자리로 돌아오지 않도록 한다. 마치 다정한 친구들을 떠나듯이 정중하게 연설대를 떠난다.

2) 발표가 끝나고 잠시 남아 있기

발표가 끝나면 청중들은 서둘러 발표장을 빠져나간다. 그러나 발표자는 남아 있는 것이 좋다. 발표 자료를 챙기면서 발표장에 잠시 남아 있어 보라. 발표장에 있다 보면 무언가 질문하러 오는 청중이 있게 마련이다. 이런 청중들은 다른 사람들이 없는 가운데 발표자와 조용히 이야기하는 것을 편안하게 생각할 수 있다. 발표가 끝난 후 잠시 남아 있음으로써 청중들과 친밀한 상호작용을 높일 수 있다.

15. 효과적인 프레젠테이션을 망치는 발표 유형

1) 과소평가 유형

프레젠테이션을 지나치게 가벼운 장난처럼 생각한다. 일부 청중에게는 중요한 내용이 될 수 있는데도 불구하고, 자신이 발표하는 내용이 별로 중요한 정보가 아니라고 생각한다(전명남, 2004).

2) 초조 불안 유형

발표할 때 지나치게 긴장하거나 다음에 할 말을 잊어버리지나 않을까 걱정하며, 발표하고 있는 아이디어에 대해 생각할 여유가 없으며, 신체적 언어인 제스처도 미처 활용하지 못한다. 이러한 두려움을 가진 사람들이 스스로에게 하는 말들을 살펴보면 '나는 나를 바보로 만들고 있어', '나는 어리석게 보일 거야', '내 손이 떨리고 있어', ' 내 목소리가 갈라져', '나는 조직되지 않는 말을 하고 있어', '내가 말하면 지겨울 거야', '나는 할 수 없어', '사람들이 질문하면 나는 대답할 수 없을 거야', ' 사람들이 내가 하고 있는 것을 내가 모르고 있다고 생각할 거야' 등이다. 지난 시절의 경험이나 완벽주의, 공포, 회피, 트라우마가 발표 불안을 가져오는 원인으로 알려지고 있다(Wilder, 1999). 이렇게 초조해하고 불안해함으로 지불하게 되는 비용은, 개인적으로 좌절감에 휩싸이게 하고 자신에게 주어진 기회(opportunity)를 잃어버리게 만드는 것이다.

3) 노점상 유형

미사여구를 유창하게 구사하고 프레젠테이션 과정에서 지나친 달변을 보여준다. 지나친 수식이나 자랑이 좋은 프레젠테이션의 효과를 감소시킬 수 있으며, 오히려 듣는 사람들이 불신감을 갖게 만든다.

두려움 없이 발표하는 7단계

1. 자기 자신의 목소리를 경험하라.
2. 자신의 생각에 반응하고 그 틀을 가지도록 하라.
3. 대화를 하라.
4. 자신의 창의성을 두드려라.
5. 설득을 학습하라.
6. 보다 높은 목표를 성취하라.
7. 자신의 확신에 선물을 주어라.

(출처: Wilder, 1999)

CHAPTER 05

사고의 기술

1. 비판적 사고

지식 교육의 실패에 대한 반성과 다가올 21세기의 문명을 이끄는 데 있어 사고 교육의 중요성이 인식되고 있으며, 사고 교육을 연구해 온 학자들은 문제해결이나 예측을 해 보는 것과 같이 사람들이 접하는 대부분의 상황에서 비판적 사고가 유용한 역할을 한다고 보아 왔다(Scriven, 1985; Ennis, 1989 MacCarthy, 1992). 교육목표로서 비판적 사고의 중요성은 인정되고 있으나 비판적 사고의 개념 및 정의에는 다양한 견해가 존재한다. 비판적 사고의 정의는 매우 다양하여 산출(product)의 개념으로 그 최종 결과를 비판적 생각(critical thought)으로 보기도 하고, 과정(process)으로 간주하기도 한다(Fulton, 1989). 질문을 제기하고, 다양한 관점들에서부터 깊이 있게 고려하고 당연시하던 생각에 대해 깨닫게 되는 변증법적인 과정이 비판적 사고라고 본다. 상식선에서 비판적 사고란 다양한 관점들로부터 깊이 있게 고려하는 능력이다.

비판적 사고는 태도, 지식, 기술의 총합체로, 에니스(Ennis, 1984)는 무엇을 믿고 무엇을 할 것인가를 결정하는 데 초점을 둔 분별력 있고 반성적인 사고로 정의하여, 비판적 사고를 '비형식적 논리(informal logic)' 또는 '추론하기(reasoning)' 등의 용어들과 바꾸어 사용해도 좋다고 믿었다. 이 정의에 적합한 독창적 행위들로는 가설, 질문, 대안들의 형성하기와 실험에 대한 계획 수립 등이다.

비판적 사고의 성향(disposition)과 기술(skills) 혹은 능력(abilities)의 의미에서 분석하면, 비판적 사고 성향으로는 건전한 회의성, 지적 정직성, 객관성, 유보성, 체계성, 기술들 혹은 능력으로는, 사실과 의견 구분, 타당하고 충분한 근거 제시, 신뢰성 있는 정보원 선택, 다양한 관점에서의 문제 조망, 편견 탐지, 숨겨진 의미와 가정의 확인, 적합한 평가 준거의 사용 등을 들 수 있다. 그 밖에도 비판적 사고의 발달을 위해 요구되는 태도와 요소로서 호기심, 융통성, 정직성, 회의주의, 합리성으로부터 편견을 변별하고 또 의견으로부터 사실을 변별하는 능력 등을 꼽는다(Brookfield, 1987 재인용). 비판적 사고가가 갖추어야 할 태도로서 창의성, 혁신성, 긍정적 태도, 유연성, 권위보다는 협동, 현실성, 문제해결 능력, 모험심, 개방성, 그리고 대안창출능력 등도 제안되었다(Jones & Safrit, 1994). 이외에도 폴(Paul, 1990)은 비판적 사고를 훈련된 자기주도적 사고(disciplined self directed thinking)라고 하였다. 그러므로 자기주도적 학습자는 비판적 사고가이고 비판적 사고가는 자기주도적 학습자라고 여겨지게 되었다(Jones & Safrit, 1994). 비판적 사고가가 되기 위하여는 자기주도적이 될 필요가 있고, 반대로 자기주도적 학습자가 되기 위하여는 비판적 사고가가 될 필요가 있다. 자기주도적 학습은 비판적 사고기술의 사용을 요구하며, 동시에 그 기술을 발달시키고 보살펴야 한다(Jones & Safrit, 1994).

비판적 사고와 관련한 한국에서의 여러 연구 중에서 허경철 등(1989)은 선행 연구들에 근거하여 비판적 사고의 기능과 성향을 상세하게 분석하였다. 비판적 사고 기술로 (1) 사실과 의견 구별하기, (2) 타당하고 충분한 근거의 사용, (3) 타당하고 신뢰로운 정보원 선택, (4) 한 문제를 다양한 관점으로 조망, (5) 편견 탐지, (6) 숨겨진 의미, 가정 확인, (7) 적합한 평가 준거 사용으로 제시하고 각 하위 영역별로 구체적인 설명을 하고 있다.

첫째, 사실과 의견 구별하기로는 특정 진술을 사실과 의견으로 구분, 특정 진술을 사실과 의견으로 구분한 이유 제시, 사실과 의견을 혼동한 예 제시(자기)를 들고 있다. 둘째, 타당하고 충분한 근거의 사용으로는 근거의 타당성, 충분성 확인 및 논리적 오류의 확인을 예로 들고 있다. 셋째, 타당하고 신뢰로운 정보원 선택으로는 다양한 정보원에 대한 인식, 정보원의 신뢰도는 문제에 따라 가변적임을 인식, 가장 타당한 정보원 선택을 제시하고 있다. 넷째, 한 문제를 다양한 관점으로 조망하는 것에는 관련자 식별, 이해 관계 분석, 입장의 비교, 대조, 중립적 관점 적용을 들고 있다. 다섯째, 편견 탐지로는 편견의 의미 이해, 편견의 예 들기, 편견의 종류 구분, 편견의 영향, 결과 예측을 말하고 있다. 여섯째, 적합한 평가 준거 사용으로는 숨겨진 가정, 결론 추론, 숨겨진 의미, 의도 파악을 설명하고 있다. 일곱째, 적합한 평가 준거의 사용으로는 문제 정의, 이해, 평가 준거 확인, 평가 준거 평정, 평가 준거 서열화를 들고 있다. 이에 더하여 비판적 사고의 성향으로 건전한 회의성, 지적 정직, 객관성, 체계성, 철저성(속단 유보)을 제시하였다.

비판적 사고에 대한 정의와 설명에서 출발하여 사고를 촉진·개발하기 위해 사용할 수 있는 질문의 기법 혹은 방법에 대한 탐색들이 립맨(Lipman et al., 1980, 1988), 폴(Paul, 1990) 등에 의해 제안되어 왔다. 비판적 사고를 촉진시키는 방법의 하나로 사용할 수 있는 질문 유형으로 (1) 생각을 명료화시키는 질문, (2) 전제 혹은 가정을 탐색하는 질문, (3) 이유, 증거, 원인을 탐색하는 질문, (4) 관점이나 시각의 다양성을 탐색하는 질문, (5) 함축된 의미와 결과를 탐색하는 질문, (6) 알게 된 방법이나 정보원을 탐색하는 질문(증거 존중), (7) 관계(부분-전체 관계, 목적-수단 관계)를 탐색하는 질문을 소개하면 다음과 같다(조선희·전명남, 1998).

첫째, 생각을 명료화시키는 질문이란 자신의 생각이나 추상적 개념들을 쉽고 명료하게 표현할 수 있도록 하기 위한 질문으로 예를 들면, 그 말이 무슨 뜻이니?, 예를 들어 줄 수 있니?, 쉽게 말해 주겠니?, 요점이 무엇이니?, 좀 더 자세히 설명해 줄 수 있겠니?, 누구 발표자처럼 생각하는 사람이 또 있니? 등이 있다.

둘째, 전제 혹은 가정을 탐색하는 질문은 자신이 한 말이나 어떤 상황에 대한 전제를 생각해 보도록 하기 위한 질문이다. 예를 들면, 내가 ____라고 생각하는 것은 너를 정확하게 이해한 것이니?, 너는 ____를 ____라고 생각하고 그 말을 하니?, 만약 내 생각이 틀렸다고 생각하는 사람이 있다면 그 사람은 왜 그렇게 생각할까? 등을 들 수 있다.

셋째, 이유, 증거, 원인을 탐색하는 질문은 자신의 행동이나 사고 또는 어떤 상황에 대한 이유, 증거, 원인을 생각해 보도록 하기 위한 질문인데, 구체적인 예로, 그렇게 생각하는 이유가 뭐지?, 무엇이 예가 될 수 있을까?, 그렇게 말하는 이유가 무엇이니?, 왜 그렇게 생각해, 그 말을 믿는 이유가 뭐야? 등이 있다.

넷째, 관점이나 시각의 다양성을 탐색하는 질문이란 자신만의 관점이 아닌 타인의 입장에서 어떤 상황을 생각해 보도록 하기 위한 질문으로 예를 들면, 너처럼 생각하지 않고 다르게 생각할 수도 있을까? (다른 사람은 어떻게 생각할까?), 너의 말이 틀리다고 생각할 사람도 있을까?, 그 사람들은 왜 그렇게 생각할까?, 다른 사람들은 어떻게 생각할까?, 만약 이렇게 말하는 사람이 있다고 해 봐. 넌 뭐라고 말할래? 등을 들 수 있다.

다섯째, 함축된 의미와 결과를 탐색하는 질문은 자신이 직접 겪어 보지 못한 상황의 결과를 예측해 보도록 또는 어떤 상황의 함축된 의미를 생각해 보도록 하기 위한 질문인데 예를 들면, 네 말대로 하면 이 경우에는 어떻게 될까?, 모든 사람이 다 네 생각대로 하면 어떻게 될까?, 네 생각대로 하면 세상이 이렇게 될텐데 그래도 괜찮겠니?, 나중에는 어떻게 될 것 같아?, 왜 그렇게 된다고 생각해? 등이 있다.

여섯째, 알게 된 방법이나 정보원을 탐색하는 질문(증거 존중)이란 이미 알고 있는 사실이나 당연하게 여기고 있는 것을 알게 된 방법이나 경로를 생각해 보도록 하는 질문으로 구체적으로는, 어떻게 그걸 알았니?, 그러면 그건 확실한 것일까?, 그걸 더 잘 아는 사람은 없을까?, 다른 사람들은 그것을 알까?, 다른 사람들은 어떻게 알게 되었을까? 등을 들 수 있다.

마지막으로, 관계(부분-전체 관계, 목적-수단 관계)를 탐색하는 질문은 부분-전체 관계와 목적-수단 관계를 생각해 보도록 하기 위한 질문을 의미하며 예를 들면, 그것을 하려면 무엇이 있어야 할까?, 같은 것이 있는지 살펴볼까?, 비슷한 특징을 가진 것들은 무엇일까? 등이 있다.

〈표 5-1〉 비판적 사고 기술과 질문 유형

비판적 사고 기술과 질문 유형	예제
• 명료화를 위한 질문	그 말이 무슨 뜻이니? 예를 들어 줄 수 있니?, 쉽게 말해 주겠니? 요점이 무엇이니?, 좀 더 자세히 설명해 줄 수 있겠니?, 누구 발표자처럼 생각하는 사람이 또 있나요?
• 전제를 탐색하는 질문	내가 ___라고 생각하는 것은 너를 정확하게 이해한 것이니?, 너는 ___를 ___라고 생각하고 그 말을 하니?, 만약 내 생각이 틀렸다고 생각하는 사람이 있다면 그 사람은 왜 그렇게 생각할까?
• 이유, 증거, 원인을 탐색하는 질문	그렇게 생각하는 이유가 뭐지?, 무엇이 예가 될 수 있을까?, 그렇게 말하는 이유가 무엇이니?, 왜 그렇게 생각해, 그 말을 믿는 이유가 뭐야?
• 관점이나 시각의 다양성을 탐색하는 질문	너처럼 생각하지 않고 다르게 생각할 수도 있을까? (다른 사람은 어떻게 생각할까?), 너의 말이 틀리다고 생각할 사람도 있을까?, 그 사람들은 왜 그렇게 생각할까?, 다른 사람들은 어떻게 생각할까?, 만약 이렇게 말하는 사람이 있다고 해 봐. 넌 뭐라고 말할래?
• 함축된 의미와 결과를 탐색하는 질문	네 말대로 하면 이 경우에는 어떻게 될까?, 모든 사람이 다 네 생각대로 하면 어떻게 될까?, 네 생각대로 하면 세상이 이렇게 될텐데 그래도 괜찮겠니?, 나중에는 어떻게 될 것 같아?, 왜 그렇게 된다고 생각해?
• 알게 된 방법이나 정보원을 탐색하는 질문	구체적으로는 어떻게 그걸 알았니?, 그러면 그건 확실한 것일까?, 그걸 더 잘 아는 사람은 없을까?, 다른 사람들은 그것을 알까?, 다른 사람들은 어떻게 알게 되었을까?
• 관계를 탐색하는 질문	그것을 하려면 무엇이 있어야 할까?, 같은 것이 있는지 살펴볼까?, 비슷한 특징을 가진 것들은 무엇일까?

2. 창의적 사고

'동물과 사람의 생각과 행동의 본질적 차이는 무엇인가?' 라는 질문에 대해 가능한 답으로 인간의 창의적 사고를 들고 있다(Pfenninger & Shubik, 2001).

아무리 똑똑하고 힘이 센 동물도 주어진 환경을 바꾸거나 새로운 물건을 만들거나 눈에 보이지 않는 숫자나 글 또는 의미를 추상해 내지 못한다.

창의적 사고야말로 인간을 인간답게 만드는 사고능력이며 삶의 본질이다. 또한 창의적 사고는 활용하면 할수록 더욱더 잘 사용할 수 있게 되는 반면에, 생각하려 들지 않거나 생각하는 방법에 대해 고민하지 않게 되면 더 이상 잘 사용하기 어려워지는 이유로 인해 창의적 사고 기법이라는 방법론을 탄생시켰다. 창의적 사고는 일상생활에서 직면하는 문제를 민감하게 인식하고, 유창하고 융통성 있게 그리고 독창적으로 정교하게 해결하여 새로운 아이디어 또는 산물을 만드는 과정이며 행위이다.

1) 브레인스토밍과 창의적 사고

20세기에 들어와 창의적 아이디어를 산출하는 방법에 대한 관심이 높아졌다. 1939년에 BBDO(Batten Barton Durstine and Osborn) 광고회사의 부사장으로 있던 오스본(Alex Osborn)이 창시한 브레인스토밍(brainstorming)은 뇌에 폭풍을 일으킨다는 뜻으로, 아이디어를 생성하는 의도적인 과정이다. 구체적인 문제에 대한 해결방안을 생각할 때 되도록 머릿속에 떠오르는 대로 아이디어를 내는 창의적 아이디어의 방법이다. 브레인스토밍을 이끄는 촉진자는 4가지 규칙을 숙지해야 한다. (1) 비판(criticism)을 없앤다. '된다', '안된다' 라는 판단적 평가는 금물이다. (2) 자유스러운 분위기를 유지한다. (3) 아이디어의 히치하이크(hitchhike)가 일어나도록 이끈다. 자전거에 편승하여 달린다는 의미로 다른 사람의 아이디어에 새로운 아이디어를 부가하는 방법이다. (4) 양(quantity)을 추구한다.

2) 대안적 용도

실생활에서 유용한 창의적 아이디어를 고안해내기 위해 대안적 도구 사용 혹은 대안적 용도(alternative uses)를 활용하는 방법이 있다. 대안 용도 사용법은 벽돌이나 안전핀과 같이 일반적인 물체 혹은 대상을 가능한 한 여러 가지 방식으로 얼마나 다양하게 이용할 수 있는가에 대한 목록을 작성해 보는 것이다. 대안을 생각하기 때문에 인습적이지 않은 새로운 아이디어나 수많은 다른 범주들을 넘나드는 것이 가능하다.

3) PMI

PMI는 제시된 아이디어의 좋은 점(Plus: P), 나쁜 점(Minus: M), 흥미롭다고 생각되는 점(Interesting: I)의 첫 문자로 만든 사고 방법으로, 드 보노(De Bono)가 개발한 인지사고 프로그램(CoRT) 속의 사고기법이다. PMI와 창의적 아이디어 기법인 ALU는 유사하다. ALU는 장점(Advantage: A), 제한점(Limitation: L), 특유성(Unique Qualities)의 첫문자를 따서 명명한 사고 기법이다.

〈표 5-2〉 '한국 도시의 버스를 모두 2층 버스로 만든다'는 아이디어의 PMI

	예제
• P/P = Plus 제시된 아이디어의 좋은 점, 좋아하는 이유	• 버스 2대가 1대로 되어 교통체증이 감소된다. • 2층 버스가 있는 관광도시로 알려져 관광객을 유치. • 버스에 좌석이 많아 앉기가 쉽다.
• M/M = Minus 제시된 아이디어의 나쁜 점, 싫어하는 이유	• 육교나 신호등 높이를 높여야 한다. • 버스 1대 운영에 경비가 많이 든다. • 버스 때문에 도보로 걷는 사람들의 시야가 가려진다. • 사고가 나면 대형 사고가 날 수 있다.
• I/I = Interesting 제시된 아이디어에 대해 흥미롭다고 생각하는 점	• 1층과 2층 자리를 두고 싸움이 유발될 것이다. • 남녀 커플들은 2층으로 올라갈 것이다. • 2층에서 '쿵쿵' 거리면 1층에서 놀라거나 올라가 보는 사람들이 생긴다.

4) 결점열거법

현재의 제품을 개선하거나 새로운 모델을 개발하기 위해 결점을 떠올리는 기법이 '결점열거법'이다. 결점열거법은 현재 상태에 만족하지 않고 보다 나은 변화를 기하기 위해 사용한다. 결점열거법을 진행하는 방법은 첫째, 주제나 대상을 정한다. 둘째, 결점을 브레인스토밍한다. 셋째, 결점을 보완하기 위해 무엇을 하면 좋을 것인지에 대한 아이디어를 산출해 볼 수 있도록 한다.

5) 강제결합법

강제결합법(forced relationship)은 서로 관련성이 없는 두 가지 이상의 항목을 강제적으로 관련시키는 발상법이다. 세로축과 가로축의 내용을 임의적으로 연결하여 새로운 항목을 만들어 내는 방법이다. 두 가지 이상의 조합이 가능하며, 〈표 5-3〉과 같이 기능적으로 만들어도 되고, 두 가지 이상이 들어간 그럴듯한 이야기를 꾸며 보도록 하는 활동들을 진행할 수도 있다.

〈표 5-3〉 강제결합법 사례

목욕탕 / 자전거	바퀴	핸들	안장	페달
바퀴	이동식 변기 이동식 화장실	변기 손잡이	엠보싱 안장의 변기 커버	변기 수압 조절 운동 가능 변기
욕조	바퀴가 달린 욕조 바퀴 모양 욕조	냉수, 온수 조절 조리개	욕조 내 목받침용 베개, 욕조 내 높낮이 조절의자	페달을 누르면 거품이 나오는 욕조
샤워기	워터파크 내 큰 샤워기	…	…	…

6) 마인드맵

1970년대에 부잔(Buzan)에 의해 개발된 방법으로, 머릿속에 떠오르는 것을 종이 위에 이미지, 색, 부호, 연결선이나 고리 등을 사용하여 생각을 표현하는 방법이다. 문제를 마인드맵을 하는 가운데에 적고 원으로 둘레를 친다. 관련된 주요 사항들을 관련성이 높은 것끼리 가까이 위치하도록 연결지으면서 사고하는 방법이다. 흐름을 보다 잘 표현하기 위해 색이나 부호를 사용할 수도 있다. 발상과 연결이 주요활동이며, 상호관련성을 찾아나가다가 문제해결을 시도하기도 한다.

7) 시네틱스

관련성이 없는 것끼리 결합시킨다는 의미의 '시네틱스(synetics)' 라는 창의적 사고 기술이 있다. 시네틱스에서는 주로 유추(analogy)를 많이 사용한다. 유추는 '어떤 대상의 모양이나 기능, 구조, 형태 등의 유사점을 찾아서 다른 새로운 대상에 적용하거나 관련시키는 것' 을 가리킨다. 실제 현상을 직접적으로 비교하여 새로운 아이디어를 만들어 내는 것에서부터 의인화하거나 명료하게 이미지화 한다거나, 공상을 사용한 이상화된 상태의 유추도 포함된다.

8) 스캠퍼

새로운 아이디어는 스캠퍼(SCAMPER)를 활용하여 창의하면 효과적인 결과를 낼 수 있다. 스캠퍼의 'SCAMPER' 는 각 용어의 첫자를 따서 만든다. 대치시키면?(Substitute: S), 조합하면?(Combine: C), 맞도록 고치면?(Adapt: A), 수정하면?, 확대하면?, 축소하면?(Modify, Magnify, Minify: M), 타용도는?(Put to other use: P), 제거하면?(Eliminate: E), 재배치 하면? 거꾸로 하면?(Rearrange, Reverse: R)이 포함된다.

〈표 5-4〉 스캠퍼(SCAMPER)

S	substitute(대치시키면?)	다른 무엇? 다른 재료? 다른 성분? 다른 과정? 다른 에너지? 다른 장소?
C	combine(조합하면?)	혼합하면?, 목적을 합하면? 아이디어를 묶으면?
A	adapt(맞도록 고치면?)	각색하면? 상황에 맞추면? 목적이나 조건에 맞도록 하면? 과거의 것과 비슷한 경우는?
M	modify(수정하면?) magnify(확대하면?) minify(축소하면?)	색깔, 의미, 소리, 향기, 형태 등을 바꾸면? 확대시키면? 더 강하게 하면? 더 길면? 생략?
P	put to other use(타용도는?)	다른 사용 용도는? 모양, 무게, 또는 형태로 보아서 다른 용도는?
E	eliminate(제거하면?)	이것을 없애버리면? 부품 수를 줄이면? 더 가볍게 하면?

R	rearrange(재배치 하면?) reverse(거꾸로 하면?)	거꾸로 하면? 반대로 하면? 역할을 바꾸면? 부분, 순서, 배열, 계열을 바꾸면? 위치를 바꾸면? 원인과 결과를 바꾸면?

9) 시스템 진화 방법

세계의 모든 나라에서는 공학 관련 지적 재산권 확보를 위해 새로운 기술 개발에 총력을 기울이고 있다. 즉, 세계의 공학은 아이디어와 창의성으로 승부해야 하는 무한 경쟁시대에 처해 있다. 공학적 발달을 위해 시스템의 진화 원리에 기반을 둔 창의적 아이디어 방법을 제안할 수 있다. 디자인이나 부품에서부터 거시적 공학 시스템을 계속적으로 개선하는 방식이다. 현재의 시스템과 이상적으로 생각되는 시스템 간의 격차를 좁혀 가는 방식으로 창의한다.

예를 들면, 러시아의 알트슐러(G. S. Altshuller)가 제창한 TRIZ(Teoriya Reshniya Izobretatelskikh Zadatch)는 발명 문제해결 이론을 활용하여 발명에 접근하는 시스템 진화 방법의 하나이다. TRIZ에서는 기술 문제에 있어서 창의적 해결의 대부분은 과거의 발명 사례로부터 유추하여 만들어 낼 수 있다고 본다. TRIZ에서 모든 시스템은 진화를 통해 더욱 새로운 발명으로 나아갈 수 있다.

공학 시스템의 진화는 모순(contradiction)의 제거에서 시작한다. 공학적 모순(contradiction)은 어떤 특성을 개선하면 다른 특성이 나빠지는 것을 가리킨다. 이를 발명적 문제(inventive problem)라고도 한다. 모순표를 활용할 수도 있다. 또한 공학 시스템의 진화는 하위시스템(subsystem)이나 상위시스템(supersystem)의 수를 늘리거나 줄이는 방식, 역동성(dynamism)의 정도를 증가시킴, 제어(control)의 수준을 조절, 거시적 수준(Macro Level)에서 미시적 수준(Micro Level)으로의 변이, 공학분야를 다른 분야(power field)에 적용, 특성의 조화와 비조화, 공학 시스템의 실행과 제어에서 인간의 노력 분야를 제거시킴 등을 통해 가능하다.

10) 자신만의 모형 만들기

창의적 아이디어를 구현하여 공학적 효과를 보기 위해서 '자신만의 모형을 만들어 보는 것' 이 중요하다. 자신의 배경, 통찰력, 심미적인 감각 등과 관련해서, 다른 사람의 모형과는 다른 자신만의 모형을 구상해 내는 것은 모든 아이디어의 구현에서 필수적인 것이다. 이 부분은 다른 사람들과 함께 공유하지 못하는 성질도 있다.

자신만의 모형을 만들 때 다른 사람들의 아이디어를 히치하이킹[2]하는 것은 중요한 과정이다. 그러나 자신의 모형을 만드는 과정에서 일관성 있고, 논리적이며, 유의미한 방식으로 만드는 것이 더 큰 역할을 한다. 창의적 아이디어를 생성하기 위해서는 집단사고 혹은 그룹사고도 하나의 해결책이지만, 자신만의 모형을 만들어 내는 것이 또 다른 대안이다.

11) 여섯 가지 사고모

여섯 가지 사고모는 '…처럼' 행동하면 그렇게 생각하는 사람이 된다는 가정에 기반을 둔 창의적 사고 방법이다. 모자 쓰기는 매우 고의적인 과정으로 특정 상황에서 '사고모' 를 썼을 것을 가정하고 행동한다. 특히 하나의 문제에 대해 여러 가지 사고모를 쓰는 것이 도움이 되지만, 특히 녹색모 사고모를 쓰는 것은 드보노(De Bono)의 측면적 사고(lateral thinking)를 대표하는 창의적 사고 방법이다 .

'백색모' 는 객관적인 사실을 강조한다. 사실만을 중립적이고 객관적인 방법으로 제시할 수 있도록 하는 아이디어 제시나 발언을 한다. 해석에 대해서는 신경 쓰지 말고 사실만을 제시한다. 백색모를 쓴 사람은 '사실은 무엇인가?' 에 초점을 맞춘다.

'적색모' 를 쓰는 사람은 감정과 느낌을 강조한다. 그러므로 객관적이거나 중립적인 정보에 반대하고 직관, 육감, 인상을 발언한다. 적색모를 쓰는 사람의 발언에서 정당화는 필요하지 않다. 근거나 이유를 댈 필요가 없다.

---

2) 아이디어에 아이디어를 덧붙힌다는 의미의 비유적인 표현이다.

'흑색모' 를 쓰는 사람은 '그것에 잘못된 게 무엇인가?' 논리적인 부정을 한다. 그것이 안 될 이유를 대며, 비판적 판단을 하는 쪽이다. 비관적 관점을 강조한다.

'황색모' 를 쓰는 사람은 '긍정적 발언과 사고' 를 보여 주어야 한다. 여기에서 황색은 명랑하고 밝음을 상징한다. 낙관적인 관점에 집중해야 한다.

'녹색모' 를 쓰는 사람은 대안적 사고를 제안한다. 기존의 아이디어를 디딤돌로 하여 사용하는 것도 포함한다. 아이디어를 계속 발전시킨다.

'청색모' 를 쓰는 사람은 '사고의 통제' , '초점 맞추기' , '바른 질문' , '문제 정의하기' , '사고 과제를 설정하기' 등의 역할을 수행한다. 관찰하고 개관하며 논평에 초점을 맞춘다. 요약이나 결론을 내며 성과에 대해 보고한다.

CHAPTER 06

창의적 문제해결

리더십은 창의적 문제해결을 통해 길러질 수 있다. 또한 현실적으로 리더는 창의적 문제해결자로서 기능하게 된다. 리더십이 조직의 창의적 성과에 깊은 영향을 미치는 것으로 알려져 왔다(Barnowe, 1975; Tierney, Farmer, Graen, 1999; West et al., 2003; Zhou, 2008). 그러나 모든 리더십이 창의성과 관련되는 것은 아니다. 창의적 리더십(creative leadership)은 집단에게는 새로운 방향인 새로운 목표를 향해 하나의 집단을 규정하고 이끌기 위해 자신의 상상력을 의도적으로 관련시키는 능력이다. 이러한 창의적 변화를 가져오기 때문에, 창의적 리더는 학교, 직장, 지역사회, 가족 등과 같은 상황과 그 속의 개인에게 긍정적인 영향을 미친다(Puccio, Mance, Murdock, 2011).

1. 문제와 창의적 문제해결

문제는 일반적으로 목표 상태와 현재 상태 간의 차이가 있고 이 사이에 방해물이 있는 상황을 말하며, 문제해결이란 원하는 목적을 달성하기 위해 가능한 조작을 통해 시행착오나 통찰을 거쳐 해결안을 찾아가는 일련의 사고과정을 의미한다(Anderson, 1990). 일찍이 문제해결을 연구했던 던커(Duncker, 1945)는 '문제'에 대해서, 피험자가 목표를 가지고 있지만 그것에 도달할 수 있는 방법을 알지 못하는 상황이라고 정의 내렸다. 이러한 정의가 매우 간단한 것처럼 들릴지도 모르지만, 실제로 어떤 문제를 이루고 있는 것이 무엇이냐에 대해서는 상당한 애매성이 존재한다. 예를 들어, 단순한 덧셈조차도 이제 막 수학을 배우고 있는 아동에게는 어려울 수 있지만, 고등학생에게는 단지 기억 속에서 이와 관련된 정보를 즉각적으로 기억해 내는 것에 지나지 않는다. 따라서 어떤 사람에게는 문제가 될 수 있는 것이 다른 사람에게는 문제로 여겨지지 않을 수도 있다(전명남, 2012).

한편, 문제해결을 연구해 오고 있는 조나산(Jonassen, 2011)은 문제의 유형을 이야기식 문제, 의사결정식 문제, 다루기 힘든 문제, 전략적 수행 문제, 정책 분석 문제, 설계 문제로 구분하고 있다.

〈표 6-1〉 문제해결 유형

문제 유형	사례 요소	요구되는 사고 기술
이야기식 문제	문제, 작업 예 유추	문제 도식, 유추, 원인과 결과, 질문하기, 논쟁, 모델링
의사결정식 문제	문제, 사례 연구, 선행 경험, 대안적 관점	원인과 결과, 논쟁, 모델링, 정신적 시뮬레이션(시나리오 구성)
다루기 힘든 문제	문지, 선행 경험	원인과 결과, 논쟁, 모델링
전략적 수행 문제	문제, 선행 경험, 시뮬레이션	문제 도식, 유추적, 인과적, 정신적 시뮬레이션(시나리오 구성)
정책 분석 문제	문제, 사례 연구, 선행 경험, 대안적 관점	유추적, 인과적, 질문하기, 논쟁, 모델링
설계 문제	문제, 선행 경험, 대안적 관점	인과적, 논쟁, 모델링

(출처: Jonassen, 2011)

창의적 문제해결을 연구했던 월러스(Wallas, 1926)는 '준비', '부화', '영감', '검증'의 4단계를 거친다고 하였다. '준비(perparation)' 단계는 제시된 문제나 주제를 여러 각도로 지각하고 이해하여 자료를 수집하는 단계이다. '부화(incubation)'는 준비 단계에서 접했던 문제의 해결책이 즉각적으로 떠오르지 않고, 시간 간격을 두고 떠오르는 단계로 곰곰이 생각하거나 때로 무의식적인 수준에서도 고려한다. '영감(illumination)'은 창의적인 활동을 하는 사람이 자신이 추구하고 있었던 문제에 대한 해결책이나 아이디어가 의식적인 수준에서 나타나는 단계이다. 계속적인 부화의 단계를 거쳐 갑자기 나타나는 직관이나 통찰의 형태를 띠고 있다. 마지막으로 '검증(vertification)'은 완전히 의식적인 상태로서 획득한 아이디어의 타당성을 검증하고 그 결과에 따라 구체화하여 표현함으로써 완전한 아이디어로 정리하는 단계이다.

창의적 문제해결은 명확한 출발점이 없으며 목표점도 모호할 뿐만 아니라 최종적인 결과도 정형화되어 있지 않다는 점에서 일반적인 문제해결과는 차이가 있다. 따라서 창의적 문제해결을 위한 현대의 이론적 접근은 과정(process) 또는 단계의 측면을 강조하여 과정과 결과를 포함하는 방향으로 진화해 가고 있다.

2. 협력적인 창의적 문제해결: 집단창의성 측면

집단창의성(collective creativity)의 시대가 되고 있다. 현대는 창의성이 높은 한두 명의 영웅이 활동하는 시대라기보다는 상호 연결된 '집단창의성'이 힘을 발휘하는 때이다. '스티브 잡스'라는 아주 창의적인 인물도 기업 조직과 사회의 제도적 지원이 없었다면 성과를 낼 수 없었을 것이다. 미국의 실리콘밸리에는 전 세계의 공학 관련 청년들이 모여든다. 주변의 스탠퍼드 대학이나 UCLA와 같은 대학의 학생들과 그 졸업생들이 함께 일하기 위해 집단화 된다. 이러한 것을 '사회적 자본(social capital)'이라고 한다. 사회 네트워크 혹은 다른 사회 구조 안에서 구성원들의 덕으로 이득을 보장하는 것이 사회적 자본이다. 집단창의성은 이러한 사람과 사람들이 모여서 만들어 내는 사회적 자본 속에서 새로운 패러다임을 열어가는 데서 가능하다(전명남, 2012).

형제자매, 가족, 소집단, 소속한 사회 등은 집단창의성을 발휘할 수 있게 하거나 가로막는 커뮤니티가 될 수 있다. 이러한 커뮤니티가 열린 구조(open society)일 때 협력적인 창의적 문제해결을 할 수 있는 그룹이 될 수 있다. 리더는 협력적인 창의적 문제해결이 일어날 수 있는 집단 문화를 창출하는 데 노력을 기울여야 한다.

3. 창의적 문제해결의 과정

창의적 문제해결 과정과 방법에 대해서는 많은 연구들이 이어졌고, 그 단계를 구체화하게 되었다. 최근에 가장 발전된 창의적 문제해결 모형을 기초로, 문제를 만나고 문제에 직면하는 '기회의 구성', '자료의 탐색', '문제의 골격 구성', 문제해결에 대한 '아이디어 생성', '해결책의 개발', '수용 토대 구축' 등 총 6단계를 제안해 볼 수 있다[3]. 이 활동을 창의적 문제해결 팀을 구성하여 협력적으로 해결해 내는 것을 권한다.

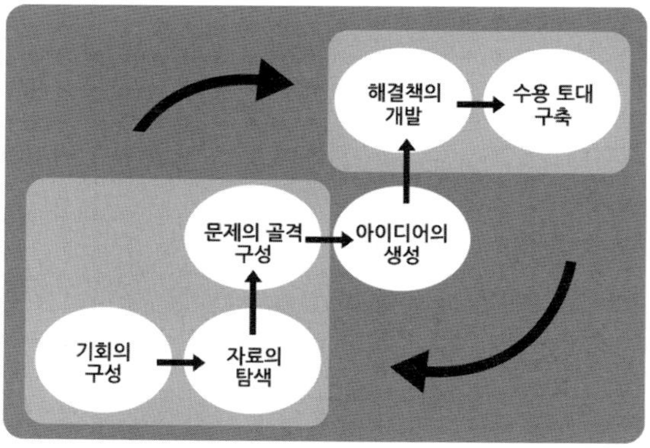

3) 창의적 문제해결에 대해 보다 자세한 탐구를 원하는 독자들에게 김영채(2007)의 『창의적 문제해결』 책을 권한다.

단계	주요상품	전체흐름
1단계 기획의 구성	상황에서 기회의 인식 – 문제 상황 파악 – 광범위하면서 간결한 '기회' 진술 – 관심의 초점이 되는 '기회' 결정	문제의 구성
2단계 자료의 탐색	1단계의 '기회'에 관련된 정보, 질문, 인상, 관찰, 감정 등의 자료를 찾아내기	
3단계 문제의 골격 구성	기회를 구체화하여 해결할 문제를 만들기 – 문제의 진술 – 핵심 문제 결정	
4단계 아이디어의 생성	3단계에서 진술한 문제의 해결 아이디어 생성 – 다양하고 독특한 해결 아이디어 생성 – 아이디어 분류와 선택	창의적 문제해결 아이디어 생성
5단계 해결책의 개발	해결 아이디어를 가장 유망한 해결책으로 개발 – 선택 기준 만들기 – 유망한 해결 아이디어 결정하기	실행을 위한 계획
6단계 수용 토대 구축	해결책을 성공적으로 실현하기 위한 계획 세우기 – 실행 과정의 확인 – 구체적인 실행 과정 계획	

(출처: 전명남 외, 2010)

활동 6-1 **기회의 구성**: '기회의 구성' 단계는 문제를 발견하는 과정이라고도 볼 수 있으며, 불확실하고 애매한 상황에서 광범위한 도전 과제를 인식하게 되는 과정이다. 상황이 넘을 수 없는 장벽이라기보다는 창의적 문제해결력을 발휘할 수 있는 하나의 기회라는 의미에서 '기회의 구성'이라고 한다. 다음의 '김 스마트' 군의 고민에서 기회의 구성 활동을 해 보자.

〈김 스마트 군의 고민〉

나는 21세기 한국의 청년 김 스마트이다. 어릴 때부터 다른 사람들과 어울리기를 좋아하던 나는 다니는 대학은 물론 다른 대학까지 널리 알려져 있다. 그러나 대학 2학년 2학기가 된 지금은 내가 빛 좋은 개살구 같은 모양새로 느껴진다. 최근에는 내가 대학 졸업 후에 도대체 무엇을 할 수 있는 사람인지 알 수 없어 잠을 잘 수가 없을 정도로 고민하고 있다. 또 다른 고민은 대학을 졸업하기 전에 결혼하고 싶은 여자 친구도 만들고 싶은데 내가 좋아하는 여성은 나를 좋아하지 않고, 내가 관심이 없는 여성은 가끔 미소를 나에게 보내오고 있다. 이성문제조차도 빛 좋은 개살구인 것 같아 한숨이 푹푹 나오곤 한다.

대학에 입학한 후 하루도 쉬지 않고 써클 활동과 친구들과의 교제에만 전념해 왔던 탓으로 전공은 물론 교양 성적은 5점 만점에 2.5대의 학점을 보이고 있어, 내가 12살 때 혼자가 되신 어머니가 아주 안쓰러워하고 있다. 어머니는 내게 경영학이라는 대학 전공이 마음에 안 드냐며 대학 공부에 관심을 보이시지만, 나는 전공 공부를 잘하는 것은 아니어서 오히려 학과 활동만 열심히 해왔다. 때로는 도서관에서 공부만 하는 친구들이 부럽기도 하지만, 성격상 그렇게 혼자 떨어져서 공부해 내는 스타일이 못 된다.

내가 살고 있는 K시에서는 2년 뒤에 전 세계 대학생들이 물밀듯이 찾아오는 행사인 '세계 경영학과 청년협회'를 개최할 예정이다. K시는 인근에 국제공항이 있고, 바다에 접해 있으며, 자연 호수도 많이 있으나 도시오염이 심하여 바다와 호수가 오염에 시달리고 있다. K시에 있는 대학의 수는 10개이지만, 경영학과가 있는 대학은 5개밖에 되지 않는다. K시는 수입원이 거의 없기 때문에 한국의 다른 대도시에 비해 생활수준이 낮고 국제 행사가 열려도 지원을 거의 해줄 수 없다. K시에서 성장하여 직장을 얻지 못하는 청년들은 여러 회사와 공장이 있는 가까운 인근 대도시인 B시로 옮겨간다. K시는 B시에 있는 자동차 회사에 물품을 조달하는 부품업체들만 난립해 있는 상황이라, 이 회사들은 정상 급여를 주기 어려워 외국인 근로자들을 조달하여 운영하고 있다.

우리대학 경영학과 학과장 교수님이 어제 나를 학과실로 불렀다. "내가 2년 뒤에 열리는 세계 경영학과 청년협회를 개최하는 책임 교수가 되었다네. 김 스마트 군 나는 이번 행사를 통해 우리 경영학과 학생들이 좋은 경험을 할 수 있도록 해 주고 싶네. 김 스마트군, 이 행사에 최소한 20개국 이상의 국제 학생들이 참여하도록 하고 행사를 잘 마치도록 만들고 싶은데 자네가 이 일을 좀 해 주면 좋겠네." 김 스마트 군은 해보겠다고 하였지만 고민이 앞섰다.

■ 기회: 진술문(예시)
1. 김 스마트 군이 행사를 진행하는 학생대표가 되면 좋지 않을까?
2. 대학 1,2학년 때 공부를 열심히 해서 장학금을 받았으면 좋았을 텐데
3. 김 스마스트 군이 경영학 공부를 좀 더 잘하면 좋지 않을까?
4. 김 스마트 군이 마음에 드는 여자 친구를 만날 수 있게 되면 좋지 않을까?
- 중 략 -
68. 학과장 교수님이 세계 경영학과 청년협회 행사 이외에 다른 행사를 유치하면 좋지 않을까?
69. K시를 세계 경영학과 청년협회만으로 세계적으로 소문나게 하면 황당하지 않을까?
- 중 략 -

김 스마트 군의 고민을 읽고 기회 진술문을 만들어 보자. 기회 진술문을 훑어보면서 '…이면 황당하지 않을까?' 로 우려하는 표현의 진술문은 색깔 있는 펜을 사용하여 그 옆에 '만약 …을 하면 좋지 않을까?(좋겠다)' 로 바꾸어 표현하여 가능한 기회를 더 찾아 보도록 한다.

하이라이팅 기법을 적용하여 창의적 문제해결력을 발휘할 만한 기회 진술문 20·30개 정도를 선별해 보자. '하이라이팅(highlighting)' 은 생성된 아이디어 가운데 괜찮다고 여겨지는 아이디어들을 골라낸 다음에, 비슷하거나 공통적인 특징 또는 요소에 따라 하나의 묶음(culster)을 만드는 것으로, 이것을 핫스팟(hot spots)이라고도 한다.

– 하이라이팅 진행 절차 –

1. 생성된 아이디어에 순번이나 번호를 붙입니다.
2. 아이디어를 차례로 음미하며 읽어보며 그럴듯하게 보이는 대안들을 선택해 냅니다. 이때 중요한 것은 아이디어의 실현 가능성을 고려하지는 않습니다.
3. 핫스팟을 만들고 선택한 아이디어를 핫스팟 내용 영역별로 분류해 냅니다.
4. 핫스팟을 검토하고 그 의미를 재진술합니다. 두 개 이상의 핫스팟을 조합해서 하나의 진술문으로 만들어도 됩니다.
5. 문제 시나리오의 요구를 가장 잘 충족시키는 것으로 판단되는 핫스팟을 선택합니다.

준거를 적용하여 최선의 것을 글라내 보자. 준거는 창의적 문제해결 집단 구성원의 합의에 의해 도출한다. 일반적으로 흥미, 영향력, 상상력 등의 준거를 기준으로 사용한다. 이에 부가하여 팀원이 결정한 준거 '중요성', '우선순위' (집단 구성원의 합의에 따라 변경 가능)의 준거를 가지고 1점(거의 그렇지 않다)에서 5점(아주 그렇다)의 점수를 주어 최선의 기회 진술문을 골라내 보자.

하이라이팅 된 진술문 번호	흥미	영향	상상력	중요성	우선 순위	총점	순위
1	+	+	–				
2	–	+	+				
3	+	–	+				
4	–	–	–				
5	+	+	+	4	5	9	2
6	–	+	+				

활동 6-2 **자료의 탐색**: 창의적 문제해결력의 과정에서 앞 단계인 '기회' 에 관련된 상황을 더 정확하게 이해하기 위한 과정이다. 과제나 상황의 가장 중요하거나 관심 있는 요소들에 초점을 맞추어서 상황에 대해 알고 있는 것이 무엇인지, 무엇을 알 필요가 있으며, 알기를 원하는지를 집중적으로 사고하여야 한다. '김 스마트 군의 고민' 을 가지고 자료의 탐색 활동을 진행해 보자. 육하원칙에 따라 생성된 질문 리스트를 가지고 '알고 있는 자료', '알 필요가 있는 자료', '알면 더 좋을 자료' 를 기준으로 자료를 찾는다.(@=누가?, 무엇을? 언제? 왜? 어디서? 어떻게?)

@ (생성된 질문리스트)	알고 있는 자료	알 필요가 있는 자료	알면 더 좋을 자료

활동 6-3 **문제의 골격 구성**: 우리가 해결해야 할 문제뿐만 아니라 가능한 모든 문제를 제기해 보고 다양한 문제진술을 한 다음, 우리가 해결할 문제를 선택하는 과정을 거친다. '김 스마트 군의 고민'에서 가능한 모든 문제를 제기해 보자. '어떤 방법으로 하면…?', '어떻게…?'를 사용하여 여러 가지 문제를 진술하는 것이 도움이 된다.

- 문제 생성 규칙 -

○ 문제는 엉뚱하고 거친 것일수록, 독창적인 것일수록 좋다.
○ 질보다는 양으로 가능한 한 많고 다양하게 문제를 진술한다.
○ 제시된 문제에 대해 판단 금지.
○ 이미 제시된 문제를 다시 조합하여 새로운 문제를 만든다.

- 문제 진술 -

○ 어떤 방법으로 경제적 낭비를 줄일 수 있을까?
○ 어떻게 하면 우리가 한국적인 대회를 개최할 수 있을까?
○ 어떻게 하면 좋은 여자 친구를 만날 수 있을까?

■ 문제 진술문을 가지고 다음 '동사'와 '목적어'를 변경하여 '문제진술을 매력적으로 만들기'를 한다.

문제진술	동사	목적어
어떻게 하면 K시민들이 잘 살 수 있는 도시를 만들까?	- 즐겁게 살 수 있는 - 좋아할 수 있는 - 행복할 수 있는 - 아프지 않게 사는 - 돈을 많이 버는 … …	- 집 - 아파트 - 기숙사 - 학교 - 보금자리 - 생활공간 … …

→ 어떻게 하면 K시민들이 활발하게 살 수 있는 생활공간을 만들까?
어떻게 하면 K시민들이 안전하게 살 수 있는 아파트를 만들까?

■ '문제의 진술 선택하기'를 통해 상황에서의 문제를 해결하기 위한 최선의 문제를 찾는다. 어느 문제가 가장 중요한가? 어느 문제를 가장 우선순위에 두어야 할까? 어느 문제가 아이디어 생성을 가장 잘해낼까? 등(팀원이 합의)이 평가 기준이 될 수 있다. 하이라이팅과 준거 적용으로 최선의 문제를 찾아 낸다.

활동 6-4 **아이디어 생성**: 창의적 문제 해결력의 문제의 골격 구성 단계에서 최종적으로 선정된 문제 진술문에 대한 해결 아이디어를 찾는 데에서 시작한다. 브레인스토밍, 브레인라이팅[4], 브레인드로잉[5] 등을 사용한다.

4) 브레인스토밍을 손으로 쓰는 것을 가리킨다.
5) 아이디어를 그림으로 표현하는 브레인스토밍 기법이다.

활동 6-5 **해결책의 개발:** 해결책의 개발 단계는 해결 아이디어를 유망한 해결책으로 바꾸는 단계이다. 적절하다고 생각되는 아이디어를 수정하고 개선하여 가능한 해결책으로 만든다. 따라서 유망한 해결 아이디어들을 분석하고 평가하며 보다 적절하게 개선한다. 해결 아이디어를 해결책으로 채택하기 위해 판단 준거를 만든다. 판단 준거의 생성은 상황에 따라 달라지며, 판단 준거를 무엇으로 정하느냐에 따라 채택되는 해결책이 상당히 달라질 수 있다. 비용, 시간, 공간, 지지, 자원 등은 활용할 수 있는 범용적인 준거이다. 평가 행렬법(evaluation matrix)은 제안된 여러 아이디어들을 미리 정해 놓은 평가 준거를 기준으로 체계적으로 평가하기 위한 방법이다. 아이디어가 많이 제시되어 5, 4, 3, 2, 1, 혹은 +1, 0, −1 또는 10, 9, 8, 7, 6, 5, 4, 3, 2, 1을 선택한다. 이 방법을 활용할 때 주의할 점은 준거를 달리하면 결과가 달라진다는 점이다. 따라서 아이디어의 강점과 약점을 고려하고 심사숙고하는 데 활용할 수 있다.

평가 준거 / 아이디어	준거 1	준거 2	준거 3	준거 4	합계
1. …					
2. …					
3. …					
4. …					
5. …					
6. …					
7. …					
8. …					
9. …					
10. …					
11. …					
…					

활동 6-6 **수용 토대 구축**: 창의적 문제해결의 단계를 거쳐온 창의적 아이디어를 성공적으로 실행하는 데 초점을 맞춘다. 지금까지 우리는 '김 스마트 군의 고민'에서 문제를 찾아내고 그 문제에 대한 아이디어를 내서 해결책을 개발해 냈다. 해결책을 개발한 다음에는 이 아이디어가 실제 영향력 있게 발휘될 수 있도록 하는 데 관심을 가져야 할 것이다. 해결책을 수행하기 위한 실행 계획을 생성한다. 히트와 핫스팟 과정을 통해 적절한 실행계획을 선별한다. 이 과정에서 조력자와 저항자에 대한 실행 계획도 생성한다. 가능한 실행 내용을 선·후 또는 동시진행 단계로 구분한다. 지금 당장 할 수 있는 일의 계획(24시간 이내), 단기·중기·장기 계획으로 분류하고 조직한다.

CHAPTER 07

의회식 토론과 국가 토론 토너먼트

토론 또는 디베이트(debates)의 역사는 이집트 시대(2080 B. C)로 거슬러 올라 갈 수 있다. '토론의 아버지' 라고 불리는 아테네의 프로타고라스(481-411 B. C.)는 토론을 가르치는 전략으로 활용하였다. 토론 또는 디베이트는 다양한 관점을 고려하는 과정을 통해 판단에 이르는 것으로, 그 적용을 보면 개인이 자신의 마음에 맞는 의사결정을 하기 위한 것에서부터 다른 사람들이 의견의 일치를 하도록 만들기 위해 토론하는 데까지 이르고 있다(Freeley & Steinberg, 2005).

토의와 토론은 시작·진행·종결의 틀을 가지지만 토론은 보다 구조화되어 있다. 토의(討議: discussion)는 자유롭게 의견을 나누며 참가한 구성원들의 합의에 의해 합리적 문제해결에 이르는 것이다. 토론(討論: debate)은 자신의 논거를 통해 다른 사람을 설득하려는 목적을 가진다. 토론은 국민의 의사를 국정에 반영하는 대표자로서 기능을 담당하기 위한 목적으로 영국의 의회에서 발달되었다. 의회에서는 국민을 대표하여 법률을 제공하고 예산심의나 국정 통제 등을 위해 여당과 야당의 대립 형태로 토론을 하게 된다. 따라서 토론은 일반적으로 찬·반으로 나뉘어 대립하는 두 팀이 논제에 대해 규칙에 따라 논거하여 심사단이나 청중의 평가를 받는 방식을 취한다. 토론은 정책(policy) 결정을 위한 토론, 사실(fact)이나 가치(value)의 논의를 위한 토론으로 구분해 볼 수 있다. 토론 진행을 위해 의장, 사회자, 평가단 등을 둘 수 있다. 대표적인 토론으로 의회식 토론과 국가 토론 토너먼트 등이 있다.

● 의견 존중

누구나 동등하다(equality). 자신의 의견이 존중 받기 위해서는 타인의 의견을 존중한다. 토론 시에는 감정이 격앙될 수 있어서 분노나 경멸, 비웃음 등이 표출될 수 있으나, 이들 모두는 토론자로서의 자격을 해치는 것들이다. 냉정을 유지하는 것이 바람직하다.

● 토론에서의 승리는 내가 아니라 타인에 의해 승인되는 것이다.

토의는 승패가 결정되지 않는 경우가 많지만, 토론은 일반적으로 승패가 판결나게 된다. 토론자들은 흔히 자신이 승리하였다고 생각하는 경우가 많으나 이는 잘못된 생각이다. 토론대회의 심판관, 법정에서의 판사와 같은 타인에 의해 결정된다.

● 다수의 규칙을 따른다.

토론은 대다수 또는 투표 인원의 반을 초과하는 경우에 다수의 규칙을 적용하는 것이 일반적이다. 예외적으로 3분의 2를 넘어서는 것을 적용하는 경우도 있다.

● 소수의 권리가 보호되어야 한다.

의견에 불일치한다는 이유로 힘들게 해서는 안 된다. 모든 사람들이 그들의 의견에 관계없이 발언할 수 있도록 해야 한다.

● 한 번에 한 사람씩 발언한다.

토론 이슈에 대해 한 번에 한 사람씩 발언할 수 있다. 한 사람이 발언할 때 그가 의장(chairperson)인 셈이다. 다른 사람이 발언하기를 원한다면 의장이 그를 인식할 때까지 기다려야 한다.

● 실수는 바로 인정한다.

토론 과정은 예측하지 않은 의견들이 오고갈 수 있어서, 현실적으로 실수하기 쉽다. 실수가 생기는 경우에는 곧바로 인정한다.

● 명확한 의사 전달을 위해서 근거나 전제보다는 의견과 결론을 말한다.

- 결론에서 전제로
- 이해가 쉬운 주제에서 이해하기 어려운 주제로
- 단순한 주제에서 복잡한 주제로
- 철학적 근거에서 통계적 근거로
- 토론자의 신뢰도를 높인다.
- 근거 있게 말한다.
- 토론 중에 부정확한 자료 인용이나 과일반화하지 않도록 애쓴다.
- 토론의 진행 과정을 논리적으로 정리해 나간다.

1. 의회식 토론

세계적으로 가장 발달된 논쟁식 토론은 '의회식 토론(parliamentary debate)'이다. 영국 의회에서 의사결정 방식으로 도입한 토론은 미국에서 제도화된 형태로 발달했다. 미국은 1776년 독립선언을 한 후, 1783년에 파리조약을 통해 국제적으로 독립을 승인받게 된다. 1789년에는 미국 연방제 기반의 정부가 출발하게 되자, 함께 모여 국가의 여러 가지 사안에 대해 의사결정을 해야 했다(전명남, 2006).

1) 의회식 토론의 참여자

의회식 토론에서는 토론자의 위상 차이를 인정한다. 수상(prime minister), 당수(leader of opposition), 여당 각료(member of government), 야당 의원(member of opposition)이 참여하는데 이들의 지위가 다르므로 수상과 당수는 각각 2번씩 토론하고, 여당 각료와 야당 의원은 1번 토론한다.

● 수상(prime minister) 혹은 국무총리

- 당수(leader of opposition) 혹은 야당대표
- 여당 각료(member of government) 혹은 부총리
- 야당 의원(member of opposition) 혹은 야당 원내대표

2) 의회식 토론의 토론시간

의회식 토론에서는 토론하는 시간이 제한되어 있다. 의회식 토론은 총 40분이 소요된다. 의회식 토론에서는 공정성을 기준으로 발언하기 때문에, 찬성과 반대측의 토론시간이 같다. 의회식 토론에서는 직위가 다른 수상, 당수, 여당 각료와 야당 의원이 함께 참여하여 전체 토론을 이끌지만, 배당 시간에서는 조금의 차이가 있다. 찬성측 토론자(수상)가 입론하는 시간이 '7분', 이에 맞서서 반대측 토론자(야당 당수)가 입론하는 시간이 '8분' 이다. 찬성측 토론자(여당 각료)가 이어서 입론하는 시간이 '8분', 반대측 토론자(야당 의원)가 입론하는 시간이 '8분' 이다. 이어서 찬성측 토론자가 반론하지 않고 반대측 토론자(야당 당수)가 반론(rebuttal)을 제기하며 이에 할당된 시간은 '4분' 이다. 마지막으로 찬성측 토론자(수상)가 '5분' 동안 반론을 제기한다.

찬성 1 입론	7분
반대 1 입론	8분
찬성 2 입론	8분
반대 2 입론	8분
반 대 반 론	4분
찬 성 반 론	5분

의회식 토론에는 '반대구획(opposition block)' 이 있다. 반대측 토론자 2의 입론에 이어서 반대 반론이 이어진다. 반대측은 입론과 반론을 합쳐서 12분 동안 발언할 수 있다. 찬성측 토론자의 제지 없이 반대 팀이 계속해서 발언할 수 있기 때문에 반대구획이라고 명칭을 붙인다. 반대측이 12분 동안 발언을 하는데, 찬성측이 이어서 4분 발언을 하게 되면 의사결정의 공정성을 잃을 수 있으

므로, 찬성측 토론자 1의 입론에서 1분을 빼내어 마지막 찬성측 토론자의 반론에 5분을 할당한다.

(예제)

▌의제: 노인 부양은 국가가 책임져야 한다.▐

반대측 입안: 우리나라, 한국에서는 '효', 즉 어버이를 섬기는 일을 지키는 것이 중요하다고 여겨져 왔고, 아직 동방예의지국으로서 그 위상을 지키는 일이 존재합니다. 노인 부양의 문제는 현대사회에 들어 더욱 심각한 문제가 되고 있습니다. 그 이유인즉 예전보다 더 적은 아이들이 태어나고 있고, 기성세대 인구는 그에 비해 터무니 없이 많기 때문입니다.

저희는 이 주제, '노인은 국가가 부양해야 한다'에서 반대를 맡게 되었는데요, 그 이유에는 여러 가지가 존재합니다.

첫째, 그들은 우리 누군가의 부모님입니다. 부모님이 정부의 손에만 맡겨진다면 체계화된 관리를 받을 수 없다는 것이 문제점입니다. 자원봉사자들이, 또는 그들을 도우려고 하는 사람들이 점점 사라진다면, 부모님은 치매 등의 병에 걸려도 옆에서 도와주는 이 하나 없이 쓸쓸히 지내야만 할 것입니다. 하지만 만약 가정에서 부담한다면 어떠할까요? 매일 보는 웃는 얼굴들 그리고 정말 사람이 사는 듯한 정이 느껴질 것입니다. 여러분 모두의 부모님들이 차가운 시설의 바닥에서 임종하시는 것을 원치 않으리라 굳게 믿습니다. 14일 한국보건사회연구원이 전국 성인남녀 1,015명을 대상으로 실시한 설문조사에서는 58.4%라는 대다수가 현재 나이 든 부모를 부양할 생각이 있다고 나타났습니다. 우리의 부모님입니다. 그들이 우리가 어릴 때 제공해 주었던 그 모든 것들은 사랑에서부터 나왔고, 이제는 성인이 된 자녀로서 그 사랑을 돌려줄 의무가 있습니다.

둘째, 노인들은 충분히 일을 할 수 있는 능력이 있습니다. 노동시장에서 퇴장하는 것이 아니라, 재진입할 시기란 뜻입니다. 많은 사람들이 65세 이상의 나이 때 그들의 새로운 인생의 막을 여신 분들이 많습니다. 예로 들자면, 가수 이장희 씨는 37년 만에 새로운 삶을 시작하셨고, 한국해비타트 회장 이창식 씨는 사회봉사에서 새로운 삶의 의미를 찾았습니다. 이외에도 요리사 오시환 씨, 자전거 여행가 차백성 씨 등이 있습니다. 여러분, 상상해 보십시오. 65세라는, 숫자에 불과한 나이 때문에 직장을 반강제적으로 은퇴한다는 것이 말이 됩니까?! 그들은 갑자기 자아의 혼란이 올 것이고, 어쩌면 그들의 가치관에 큰 변화가 올지도 모릅니다. 그들이 느낄 상실감, 아직 느껴 보시지 못해서 잘 모르겠지만, 그것은 자신의 삶의 목표와 의미가 한꺼번에 사라진 듯한 느낌일 것입니다.

셋째, 노인 부양에 있어서는 굳이 정부에만 의존할 필요는 없다고 생각합니다. 실제로 정부가 시행하는 프로그램이나 법에서는 많은 제약들과 서류상에만 존재하는 것들이 많습니다. 하지만 지방자치단체는 어떻습니까? 지역 주민들의 욕구를 보다 가까이에서 파악할 수 있고 지역 정서에 맞는 서비스를 책임성 있게 전달할 수 있습니다. 무엇보다 지방자치단체는 정부가 시행하는 것보다 소규모로 이루어지기 때문에 시민들의, 자녀들의 의견을 보다 잘 받아들여 개선해 나아갈 수 있다는 장점이 있습니다. 서로 모르는 사람에게 도움을 청하는 것보다, 조금이라도 안면이 있는, 그리고 더욱 지내기 편하신 곳에서 지내는 것이, 그분들의 정서에도 좋은 영향을 미치리라 믿어 의심치 않습니다.

3) 의회식 토론에서의 '정보의 지적'

의회식 토론에서 '정보의 지적(point of information: PI)'은 말을 사용하지 않고 손짓과 몸짓으로 의사를 표현하는 방법이다. PI를 표현하고 싶은 토론자는 앉아 있던 자리에서 일어나서 한 손은 머리에 얹고 다른 한 손은 손바닥을 위로 하여 앞이나 옆으로 발언하고 있는 반대측 토론자 편으로 쭉 편다. 최근 국제토론대회에서는 머리에 손을 얹는 것은 빼고 손바닥을 위로 하여 발언자에게 내미는 형태를 많이 쓴다. '정보의 지적'은 토론자가 반론(rebuttal)할 때에는 사용하지 않고 입론할 때만 사용한다.

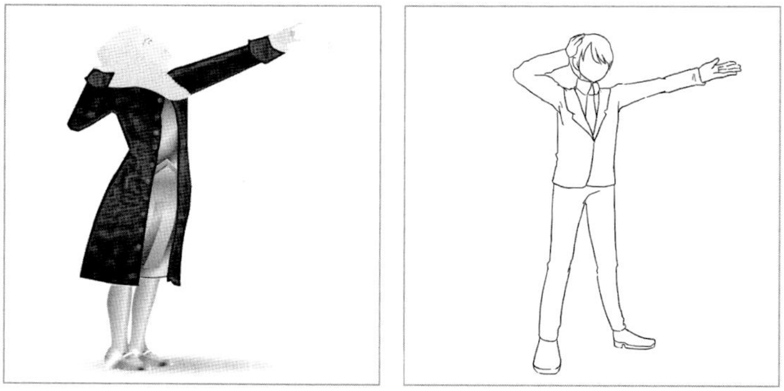

4) 휴식시간

휴식시간은 단순히 쉬는 시간이 아니라, 지금까지 토론에서 부족한 점이나 강조해야 할 점을 토론팀의 구성원들끼리 의논할 수 있는 시간이다. 앞 뒤의 토론자들이 필요하다고 생각하는 토론 내용을 같은 팀의 토론자에게 요구하기도 한다. 휴식시간에 같은 편의 토론자들은 토론이 이루어지고 있는 전체 흐름을 읽어 나가면서 제안해야 할 것과 생략할 내용들을 협력하여 결정한다.

5) 발언 순서와 시간 관리

토론자는 순서를 지켜서 발언한다. 또한 의회식 토론과 같은 논쟁식 토론에서는 '시간 통고자(time-keeper)' 나 심판자가 수신호를 통해 경과시간이나 잔여시간을 알려 준다. 대개 토론이 진행되는 동안, 전광판식 타이머를 사용하므로 토론 참가자들 스스로 시간을 조정한다. 예정된 토론시간이 지나면 '시간 통고자' 가 부저를 울리거나 다른 신호를 보낸다. '시간 통고자' 가 부저를 울리거나 신호를 보냈다면, 15~20초가 넘지 않는 범위에서 토론자는 자신의 말을 마무리해야 한다.

6) 의사진행발언

토론자는 '의사진행발언(point of order)' 을 의장이나 사회자에게 신청할 수 있다. '의사진행발언' 은 회의진행 방법에 대한 의견을 제기하는 경우가 많다. '의사진행발언' 은 내용 범위가 넓고 의도적으로 의사진행을 방해하는 경우가 있으므로, 발언의 요지를 의장이나 사회자에게 미리 통지한다. 일반적으로 의사진행 발언을 서류로 신청하는 것을 원칙으로 정해 둔 경우도 많다.

(Simple 의회식 토론)

의제: 노인부양은 국가가 책임져야 한다

1. 토론 규칙

○ 토너먼트 방식으로 진행한다.
○ 토론 방법은 찬반토론식이다.
○ 심사위원은 6~8명으로 구성하며 판정표의 점수로 승패를 결정한다.
○ 토론 중 자료 제시의 경우 주어진 시간에 포함시킨다.
○ 사회자(계시원)는 토론 진행 시간을 측정하여 남은 시간을 알려 주며, 초과된 이후의 발언은 인정하지 않고 감점처리한다.

2. 토론 절차

연번	단 계	시 간	토론 내용
0	준비		• 규칙 확인, 주제 제시, 시종 확인
1	여당 입론	7분(3분)	• 주요 용어에 대한 정의 • 주장에 대한 타당한 근거 제시와 주장 펼치기
2	야당 입론	8분(4분)	
3	휴식시간(작전타임)	2분	• 상대측 주장과 이유, 근거에 대한 논리적 오류 분석 • 다양한 자료 제시와 자료의 신뢰도와 타당성 분석 • 효과적인 질문과 지휘 • 질문에 대한 성실하고 적절한 답변
4	여당 논박	8분(4분)	
5	야당 논박	8분(4분)	
6	휴식시간(작전타임)	2분	
7	야당 최종변론	4분(2분)	• 자기 주장의 타당성 부각과 근거 이유의 재구성 • 상대측 주장의 논리적 부당성 부각
8	여당 최종변론	5분(3분)	
9	토론 판정 및 심사평	총 5분	

3. 토론장 배치

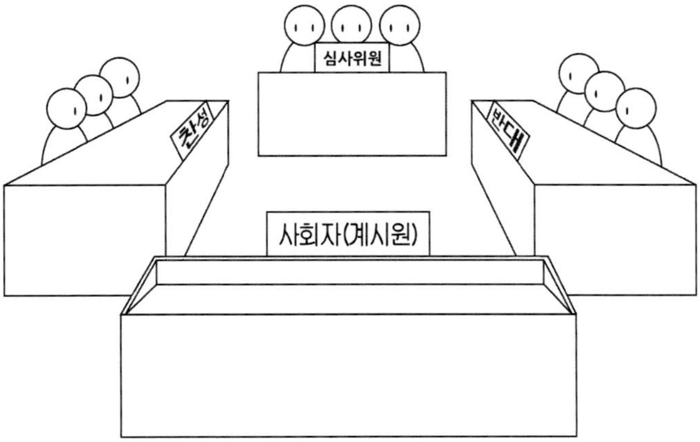

○심사 기준

번호	항 목	내 용	비 고
1	비판적 사고력	• 논제에 대한 연구가 이루어졌고 주장에 대한 타당한 근거가 제시되고 있는가? • 상대 논리에 대한 이해와 분석이 이루어지고 있는가?	
2	창의력	• 논제에 대한 새롭고 다각적인 접근이 이루어지고 있는가?	
3	표현력	• 언어적 설득력과 비언어적 태도 등으로 자신의 의견을 효과적으로 전달하는가?	
4	협동성 및 태도	• 팀원 간의 역할분담과 협력이 이루어지는가? • 예의가 바르고 이성적인 태도를 유지하는가?	

4. 토론 평가표 (1, 2라운드)

Debating 평가지							
평가일	20 . . .( )			평가자	(인)		
논제							
판정	점수	찬 성		반 대		점수	판정
	5점 4점 3점 2점 1점	① 여당 입론	성명 :	② 야당 입론	성명 :	5점 4점 3점 2점 1점	
	5점 4점 3점 2점 1점	③ 여당 논박	성명 :	④ 야당 논박	성명 :	5점 4점 3점 2점 1점	
	5점 4점 3점 2점 1점	⑤ 여당 최종변론	성명 :	⑥ 야당 최종변론	성명 :	5점 4점 3점 2점 1점	
	5점 4점 3점 2점 1점			팀워크		5점 4점 3점 2점 1점	
		최종판정 (이긴 측에 ○, 진 측에 ×)					
Best Debater	(여당이나 야당에 관계없이 1명의 이름을 씀)						
소감							

○ **판정표**

심사위원	1	2	3	4	5	6	7	8	9	최종판정
판 정	여당	여당	여당	여당	여당	여당	여당	여당	여당	여당 · 야당
	야당	야당	야당	야당	야당	야당	야당	야당	야당	(팀명:)

2. 국가 토론 토너먼트

'국가 토론 토너먼트(National Debate Tournament: NDT)' 는 대학생 토론대회나 고등학교 토론대회에서 흔히 활용하는 방법이다. NDT는 교차조사 토론(Cross-Examination Debate Association: CEDA) 방식이라고도 칭하며 정책 결정 토론 모형(policy making debate)이라고 한다. NDT에는 72분의 긴 시간이 소요된다. 의회식 토론에서 토론자가 2번과 1번의 차등적인 발언 기회를 가지는 것을 보완하여, 2번씩 공평하게 토의할 수 있도록 재구성한 방식이다(전명남, 2006).

찬성 1 입론 ············ 9분
반대 2 토론자의 교차질문 ············ 3분
반대 1 입론 ············ 9분
찬성 1 입론자의 교차질문 ············ 3분
찬성 2 입론 ············ 9분
반대 1 토론자의 교차질문 ············ 3분
반대 2 입론 ············ 9분
찬성 2 입론자의 교차질문 ············ 3분
반대 1 반론 ············ 6분
찬성 1 반론 ············ 6분
반대 2 반론 ············ 6분
찬성 2 반론 ············ 6분

'교차조사(cross examination)'는 '반대측 토론자 2, 찬성측 토론자 1, 반대측 토론자 1, 찬성측 토론자 2'의 순서로 질문하는 방식을 일컫는다. 일반적으로, 다음 토론을 준비하지 않는 토론자가 교차조사에 참여한다.

(예제)

▮ 의제: 학교 내에서 휴대폰 사용을 규제해야 한다. ▮

찬성측 발언: 학교 내에서 휴대폰 사용을 규제해야 한다는 의제에 찬성합니다. 학생의 본분인 학업에 충실해야 하는 시기의 아이들에게 교내 휴대폰 사용은 득이 아닌 실이 될 것이 분명합니다.

첫째, 수업시간에 학생의 부주의로 인해 휴대폰을 사용하게 된다면 그 학생뿐만 아니라 유혹에 약한 다른 학생들까지도 동요하게 될 가능성이 아주 큽니다.

둘째, 휴대폰 사용의 규제가 교사들의 짐을 한층 더 줄여 주는 역할을 할 것입니다. 교직 만족도가 떨어져 가고 있는 이때에 각종 업무 처리에 시달리는 교사의 짐을 덜어 주기는커녕 짐을 더 부과한다면 이 모든 것은 교사들의 의욕 저하를 일으킬 것입니다.

셋째, wi-fi, 3G 등에서 방출되는 전자파는 학생들에게 유해하며, 학교는 이로부터 학생들을 지켜야 합니다.

넷째, 소통의 단절과 학교 생활 등으로 많은 문제를 겪고 있는 학생들에게 면대면 대화가 아니라 기계만 만지작거리는 휴대폰이 주어진다면 의사소통의 단절이 더욱 심화될 것입니다.

반대측 발언: 학교 내에서 휴대폰 사용을 규제해야 한다는 의제에 반대합니다. 비록 학생의 신분에 있지만 세상에 나아가려고 준비를 하는 학교라는 곳에서 생활하는 우리 청소년들은 자립심 등을 키워야 하고 스스로의 의무를 외면하지 말아야 할 것입니다. 교내 휴대폰 사용 규제는 청소년과 그 주위 사람들에게 많은 나쁜 영향을 미칠 것으로 보이는 바입니다.

첫째, 학생들에게는 인간의 존엄과 가치, 행복 추구권, 자유권 등의 인권등이 보장되어야 하지만 교내 핸드폰 사용의 규제는 분명히 이를 침범하는 것입니다.

둘째, 핸드폰 사용의 규제는 교권을 무시하는 행동인 것뿐만 아니라 학생인권조례의 의의를 무시하는 사항입니다.

셋째, 휴대폰은 단순히 기계가 아닌 사제간의 소통을 가능케 하는 필수 도구입니다.

넷째, 휴대폰의 소지는 부모와 학생에게 안도감을 제공해 줄 뿐만 아니라 위급한 상황에서의 대처가 발 빠르게 일어날 수 있습니다.

(예제)

▮ 의제: 학교 내에서 휴대폰 사용을 규제해야 한다. ▮

찬성측 발언: 기술이 발달함에 따라 휴대폰도 나날이 발전하고 있습니다. 휴대폰의 기능인 통화의 기능은 이제 상실해 버린 지 오래이고, 휴대폰은 많은 오락과 유혹의 사이트들로 가득 차 버리게 되었습니다. 만약, 아직 유혹에는 약한 아이들에게 휴대폰 교내 사용이 허락된다면 교실은 그야말로 난장판이 될 것이 분명합니다. 휴대폰 사용의 규제는 학생들 뿐만 아니라 교사들에게까지, 또는 부모님에게까지도 여러 가지 장점을 제공할 수 있을 것입니다. 학생들의 생활지도와 그 외 여러 가지 것들에 대해 많이 고민하는 선생님을 생각해 보십시오. 아이들이 학교에 가서 공부는 잘 할까, 문제는 일으키지 않을까 걱정하시는 부모님을 생각해 보십시오. 휴대폰은 정신적·신체적 위험을 부가할 뿐만 아니라 단절과 불화를 초래하는 근원입니다. 요즈음 많은 사람들은 사람들과 대화를 하려고 하기보다 마냥 핸드폰만 바라보는 괴이한 현상이 일어나고 있는데, 이러한 물건이 학생을 지키고 우수한 인재로 양성해야 하는 학교에서 사용이 가능해진다면 이는 많은 문제를 야기할 것이 분명합니다.

반대측 발언: 학교 내 폭력이 이루어지고 세상이 삭막한 이때 부모님은 사회가 어떻게 자기 자녀를 보호해 줄 것인가에 대해서는 큰 기대를 하지 못하는 것이 사실입니다. 하지만 휴대폰이 자녀 곁에 있다면 부모는 안도할 수 있을 것입니다. 뿐만 아니라 아이들이 자신의 권리에 대해서 인식하게 도와줄 것입니다. 사회에 나간다면 그들은 자신의 행실을 스스로 결정해야 할 것입니다. 만약, 배움의 터인 학교에서 그런 것마저 무시당하고 정당한 대우를 받지 못한다면 그들은 자기 자신에게 그런 권리가 주어졌다는 사실 또한 모를 것입니다. 휴대폰 사용의 규제는 단순한 학생들의 문제가 아닌 사회 전체의 문제점이며, 더 큰 안목에서 바라봐야 할 것입니다. 여러분, 학교란 단순한 지식적인 내용을 알려 주는 곳이 아닙니다. 학교의 진정한 의미, 그들이 진정으로 원하는 배움이 무엇인지 곰곰이 생각하여야 합니다.

CEDA 토론

의제: 노인부양은 국가가 책임져야 한다.

1. 토론 규칙

○ 토너먼트 방식으로 진행한다.

○ 토론 방법은 찬반토론식이다.

○ 심사위원은 6~8명으로 구성하며, 판정표의 점수로 승패를 결정한다.

○ 토론 중 자료 제시의 경우 주어진 시간에 포함시킨다.

○ 사회자(계시원)는 토론진행 시간을 측정하여 남은 시간을 알려 주며, 초과된 이후의 발언은 인정하지 않고 감점처리한다.

2. 토론 절차

입론 2분, 교차심문 5분, 반론 2분, 6회전 총 40분 (작전타임 4분 포함)			
1회전	찬성1 입론(2분)	←	반대3과 4 교차심문(5분)
2회전	반대1 입론(2분)	←	찬성3과 4 교차심문(5분)
작전타임(2분)			
3회전	반대2 반론(2분)	←	찬성2 반론(2분)
4회전	찬성3 입론(2분)	←	반대1과 2 교차심문(5분)
5회전	반대3 입론(2분)	←	찬성1과 2 교차심문(5분)
작전타임(2분)			
6회전	반대4 반론(2분)	←	찬성4 반론(2분)

• 입론에서는 자기측 견해와 논거를 논리적으로 제시(2분)

• 교차심문에서는 상대측 입론에 더해 질문(확인)과 반박으로 이루어지고, 자기측 견해가 옳다는 결론으로 심문(2명이 자유롭게 심문, 5분 말하기)

• 반론에서는 앞에 이루어진 입론과 심문의 과정에 미흡한 부분을 보충하고 상대측 논리를 반박하거나 자기측 견해를 강조(2분 말하기)

○심사 기준

번호	항 목	내 용	비 고
1	비판적 사고력	• 논제에 대한 연구가 이루어졌고 주장에 대한 타당한 근거가 제시되고 있는가? • 상대 논리에 대한 이해와 분석이 이루어지고 있는가?	
2	창의력	• 논제에 대한 새롭고 다각적인 접근이 이루어지고 있는가?	
3	표현력	• 언어적 설득력과 비언어적 태도 등으로 자신의 의견을 효과적으로 전달하는가?	
4	협동성 및 태도	• 팀원 간의 역할 분담과 협력이 이루어지는가? • 예의가 바르고 이성적인 태도를 유지하는가?	

CEDA 평가지

평가일	20 . . . ( )		평가자	(인)		
논제						

판정	점수	찬 성		반 대		점수	판정
	5점 4점 3점 2점 1점	① 입론 1	성명 :	② C•E 3,4	성명 :	5점 4점 3점 2점 1점	
	5점 4점 3점 2점 1점	④ C•E 3,4	성명 :	③ 입론 1	성명 :	5점 4점 3점 2점 1점	
	5점 4점 3점 2점 1점	⑤ 반론 2	성명 :	⑥ 반론 2	성명 :	5점 4점 3점 2점 1점	

	5점 4점 3점 2점 1점	⑧ 입론 3	성명 :	⑦ C•E 1,2	성명 :	5점 4점 3점 2점 1점	
	5점 4점 3점 2점 1점	⑩ C•E 1,2	성명 :	⑨ 입론 3	성명 :	5점 4점 3점 2점 1점	
	5점 4점 3점 2점 1점	⑫ 반론 4	성명 :	⑪ 반론 4	성명 :	5점 4점 3점 2점 1점	
	5점 4점 3점 2점 1점	팀워크		팀워크		5점 4점 3점 2점 1점	
			최종판정 (이긴 팀에 ○, 진 팀에 ×)				
Best Debater	〈찬성, 반대팀 관계없이 debating을 가장 잘 한 사람의 이름을 쓴다〉						
소감							

○ **판정표**

심사위원	1	2	3	4	5	6	7	8	최종판정
판 정	A팀	A팀	A팀	A팀	A팀	A팀	A팀	A팀	팀명:
	B팀	B팀	B팀	B팀	B팀	B팀	B팀	B팀	

CHAPTER 08

다양한 토의·토론의 방법

토의와 토론은 사회적 집단으로 이루어진다. 회합(meeting)의 유형은 일방형 회합(one-way meeting)과 교환형 회합(give & take meeting)이 있다. 일방형 회합은 리더가 정보를 집단 구성원에게 제공하는 형태이다. 따라서 리더 중심으로 진행된다. 교환형 회합은 구성원 모두가 발언하고, 듣고, 의견에 반대하며, 자신의 관점을 표현하고, 숙고하며, 의견 합의에 이르도록 하는 형태이다(Miculka, 2007). 집단의 크기(size), 시간(time), 장소(place), 참여자(participants), 과제(task), 훈련(training)은 회합을 하는 집단의 역동성에 영향을 미치는 주요 요인이다.

집단에 참여하는 구성원들은 어떠한 역할을 해야 하는가? 과제-지향적 역할과 과정-지향적 역할 두 가지가 요구된다. 과제-지향적 역할(task-oriented roles)은 집단이 의사결정으로 갈 수 있도록 하는 것으로, 구체적인 내용은 다음과 같다.

- 시작하는 사람(initiator): 의사소통을 시작하고, 절차를 정하고, 용어를 규정하며, 아이디어를 조직하고 해결안을 제안한다.
- 정보를 탐색하는 사람(information seeker): 지식 또는 경험에 기초하여 사실적 자료를 요구한다.
- 정보 제공자(information giver): 집단의 정보에 답과 자료의 출처를 제공한다.
- 의견 제공자(opinion giver): 경험이나 신념에 기초하여 의견을 낸다.
- 종합자(summarizer): 아이디어를 모으고, 일반적인 관점을 재진술하며, 집단 의견을 검증한다.

- 조정자(coordinator): 아이디어를 명료화하고, 재진술하며, 예를 제공하고, 관계를 보여준다.

과정-지향적 역할(process-oriented roles)의 구체적인 내용은 다음과 같다. 과정-지향적인 사람은 집단이나 팀 구성원 개개인에 대해 보다 많이 알기를 원하며, 구성원 모두가 참여할 수 있는 데 관심을 둔다. 과정-지향적인 사람은 집단 과정을 부드럽게 만드는 역할을 한다.

- 조화롭게 만드는 사람(harmonizer): 갈등을 피하고, 오해를 줄이고 긴장을 낮춘다.
- 분위기 메이커(climate maker): 우호적인 분위기를 격려한다.
- 문지기(gatekeeper): 다른 사람들을 토론 속으로 데리고 오며, 느낌, 반응을 묻고, 다른 사람이 말하도록 이끈다.
- 모범(standard setter): 잘 듣고 말하며 집단이 목표를 향해 진행해 가는 데 모델 역할을 수행한다.

여러 집단은 리더를 정하고 있다. 리더는 집단을 소집하고, 시간과 장소를 결정하고, 안건을 준비한다. 회합 동안 리더의 역할은 다음과 같다.

- 회합을 소집한다.
- 회합의 목적을 진술한다.
- 집단의 목표를 설정할 수 있도록 돕는다.
- 정보를 제공한다.
- 집단이 주제에 초점을 맞출 수 있도록 조정한다.
- 갈등을 해결할 수 있도록 활동한다.
- 이슈를 명료화 하도록 요약한다.
- 회합을 해산한다.

1. 피라미드 토의

많은 구성원들이 사회자를 보고 일직선 상태로 앉아 있는 상황에서 토의를 진행하고자 하면 진땀이 나기 쉽다. 피라미드 토의는 이 경우에 2인 토의, 4인 토의, 8인 토의, 전체 토의로 진행시키는 방법이다. 이는 중간에 주제를 바꾸지 않고 2인 토의에서 전체 토의까지 연결시켜야 한다(전명남, 2006).

● 1단계: 2인 토의

구성원들이 좌석에 앉아 있는 경우라면, 가까이 앉아 있는 두 명의 구성원끼리 주제를 토의한다.

● 2단계: 4인 토의

1단계에서 2명씩 짝을 지어 토의한 팀이 다른 팀과 합류하여 같은 주제에 대해 토의한다.

● 3단계: 8인 토의

2단계에서 토의한 팀이 2단계의 다른 팀과 합류하여 같은 주제에 대해 토의한다.

● 4단계: 전체 토의

3단계까지 거친 팀들이 모두 모여 같은 주제에 대해 토의한다. 피라미드식 토의의 1·2·3 단계를 거치거나 혹은 1단계만 수행한 뒤 전체 토의로 바로 연결시켜도 된다.

2. 회의식 토의

'회의식 토의'는 2명 이상의 구성원들이 모여서 문제나 주제를 이야기하거나 의사결정을 내리기 위해 수행하는 활동이다. 일정한 규칙이나 순서를 정해서 진행하는 경우가 일반적이다(전명남, 2006).

- 모든 구성원들의 능동적 참여가 회의식 토의의 핵심 요건이다.
- 구성원 자치회, 서클 활동 등에서 빈번히 사용된다.

[그림 8-1] **회의식 토의**

3. 원탁식 토의

'원탁식 토의'는 '라운드테이블 토의'라고도 하며, 5~15명의 인원이 원탁 주변에 둘러앉아 규칙이나 형식에 구애 없이 자유로운 분위기에서 토의가 이루어지는 방식이다. 실내뿐만 아니라 실외에서도 개최할 수 있다. 자유로운 의사표현이 이루어질 수 있다(전명남, 2006).

[그림 8-2] **원탁식 토의**

1) 참가인원

- 5~10명 정도의 소규모 집단

2) 참가자

- 충분한 경험을 지닌 사회자
- 전문지식을 가진 토론자, 청중들 또는 관찰자

3) 유의할 점

- 참가자 모두가 발언할 수 있는 기회를 제공한다.
- 집단 구성원 간의 충분한 협조와 개방적인 자세가 요구된다.
- 공동체 의식이 필요하다.
- 소요되는 시간을 사전에 공고한다. 주제별로 1시간 30분에서 2시간 정도가 일반적이다.

4) 일반적 절차

- 〈사회자〉 토의 주제 소개
- 〈토의자〉 각자의 의견을 말한다.
- 〈사회자〉 각자의 의견을 종합한다.

- 〈토의자〉 자신의 의견을 보충, 수정하고 한 가지로 의견을 모은다.
- 〈사회자〉 의견을 종합, 정리

5) 원탁식 토의 진행 단계

다음에 나오는 토의의 진행 단계는 주로 사회자가 참고할 내용으로, 일반적인 원탁식 토의를 다룬 순서이다. 그러므로 다인수 토의나 발전 토의 또는 훈련용 개발 토의 등에서는 변화시킬 수 있다. 주제 제시, 문제 분석, 사실 수집, 구체적 의견 교환, 의견 종합, 결론 도달의 단계로 진행된다.

- **주제 제시**: 우선 주의를 집중시켜 알기 쉽게 주제를 설명하고 주제의 토의 동기나 사유를 밝힌다. 주제의 제시는 가능한 한 쉬운 방법으로 상세한 것이 좋으며, 그 반응에 따라 토의의 방법을 채택한다. 명확하지 못한 주제 제시는 토의를 산만하게 만들거나 혼돈에 빠지게 만든다.

- **문제 분석**: 주제에 따라 문제를 파악하고 이를 분석한다. 이는 토의의 본격적인 도입 단계로 토의의 맥을 찾는 중요한 실마리가 된다. 여기에서 토의의 방향과 흐름을 잡아 토의의 범위를 잡아나가지 않으면 토의가 산만해지고 시간 조절이 어렵게 될 경우가 생긴다.

- **사실 수집**: 분석된 문제에 대해 사실을 모으고 정리한다. 토의는 공정한 사실을 바탕으로 이루어지는 것이므로 정확한 정보를 교환해야 결론 역시 신빙성을 지닐 수가 있다. 사실을 수집하는 단계에 있어서는 주제에 비추어 체계적으로 정리하고 가치를 판단하여 요약해 나간다. 이 단계에서는 우선순위를 매겨 가며 사회자가 토의를 주도적으로 진행할 필요가 있다.

- **구체적 의견 교환**: 본격적인 토의의 시작으로, 지금까지 사회자가 발동을 걸어놓았다면 이제 참가자 중심으로 전환하는 단계이다. 그러므로 여러 사

람의 다양한 의견을 적절히 수용하고 정해진 시간을 참작하여 토의 자체를 구체화 시켜 나간다. 토의가 전문성을 띠고 시간이 충분할 때는 이 단계에서 비교적 깊은 수준으로 토의가 진행될 수도 있다. 의견 대립이 구체화될 때 사회자는 토의 분열에 주의하여 적절하게 대응해 나가야 할 것이다. 이 단계에서 세부적인 의견 교환을 통해 문제해결 및 대안 마련이 이루어진다.

- **의견 종합**: 여러 가지 의견들을 체계적으로 종합해 정리하는 단계이다. 문제해결을 바탕으로 지금까지 나왔던 의견에서 미비한 부분 등을 보충해 각자의 의견을 종합한다. 의견의 종합과정에서는 협조적인 분위기가 중요하며 참가자들이 일치된 결론에 이를 수 있도록 유의해야 한다.

- **결론 도달**: 토의의 결론은 전원이 지지해야 되는 것이고, 이 과정에서는 모든 참가자들이 결론을 얻는 데 공헌했다는 느낌과 오랜 시간을 들여 찾아 낸 결론을 이해하는 것 또한 중요하다. 그러므로 사회자는 처음 제시되었던 토의 목표와 비교·분석하여 결론을 정확하게 요약해 줄 필요가 있다. 그러나 모든 토의가 결론이 나오는 것은 아니므로 그런 경우에는 마무리 상황을 만들어 토의를 종결시켜야 할 것이다.

6) 참가자 유의사항

- 전원이 주제를 이해하고 발언하고자 하는 의욕을 지녀야 한다.
- 발언을 할 때에는 가능한 한 전원을 향해서 이야기한다.
- 토의 내용을 간단히 메모해 나간다.
- 다른 발언자의 말을 존중하고 귀담아 듣는다.
- 토의 주제에서 이탈하지 않도록 한다.
- 상대방을 불쾌하게 만들 발언은 삼간다.
- 발언은 일정 시간 내(약 2~8분이 적당)에 끝내도록 한다.

4. 패널식 토의

같은 관점을 가진 구성원 집단과 다른 관점을 가진 구성원 집단이 대표 토의자를 2~5명 정하여 찬·반 토의를 실시하도록 하는 방법이다. 시간적 여유가 되면 패널 구성원을 바꾸어 가면서 토의를 실시한다(전명남, 2006).

1) 방법

구성원들이 찬성과 반대측에 각각 2명 이상 위치하도록 하여 찬성측부터 발언을 시작한다. 예를 들면, "한국의 모든 대학은 통합해야 한다"는 주장에 있어서의 찬성측과 반대측이 모두 청중에게 보이는 자리에 앉도록 한다.

- 사회자는 찬성과 반대측의 휴식 시간을 둘 수 있다.
- 패널 토의는 일반적으로 의회식 토론 방식을 따른다.

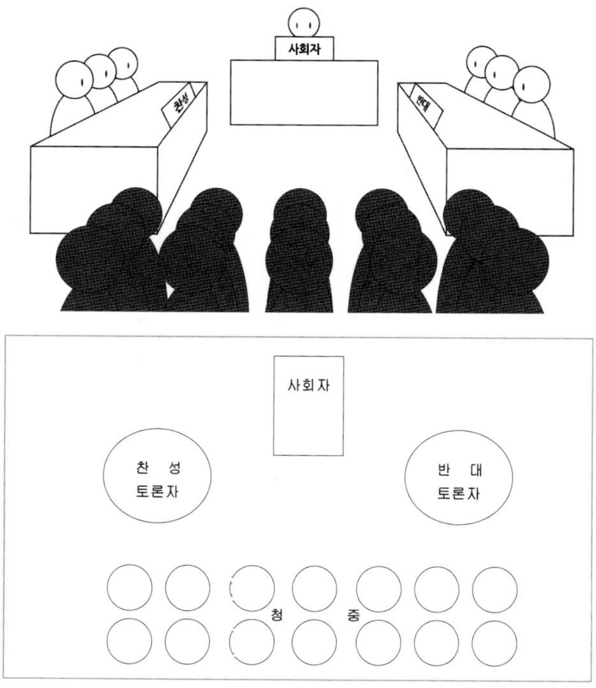

[그림 8-3] **패널 토의**

5. 어항식 토의

어항식 토의(fish bowl)는 한 집단이 토의하는 과정을 다른 집단이 어항을 들여다 보듯이 자세히 관찰하는 것이다. 시간적 여유가 되면 참가한 두 집단의 역할을 바꾸어 준다.

1) 어항식 토의의 목적

어항식 토의 활동은 많은 목적이 있다. 이 토의는 집단 토의에서 '토의 기술(discussion skills)' 이외에도 '관찰 기술(observation skills)' 이나 '내용 지식'의 구축을 돕는다. 구성원들이 토의 참여자로서 자신들의 수준과 자질에 관해 생각하도록 할 수 있다(Baloche 등, 1993).

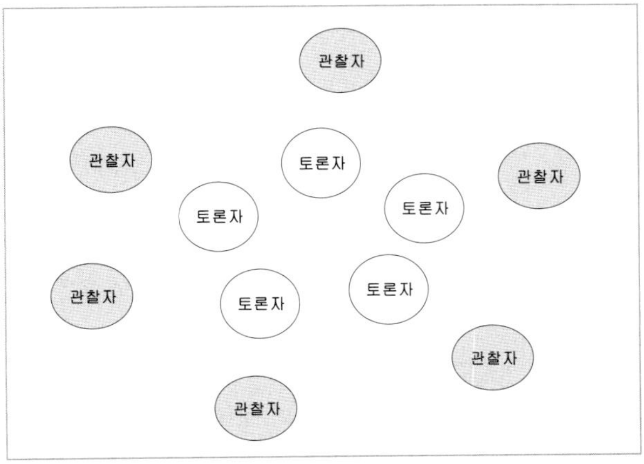

[그림 8-4] 어항식 토의

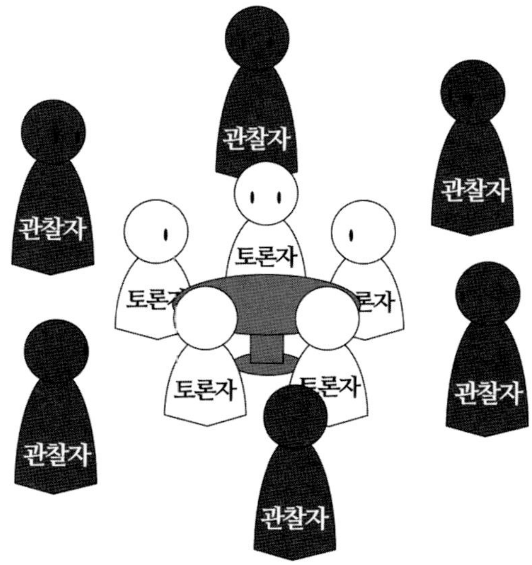

2) 어항식 토의의 방법

구성원들이 두 개의 원을 지어 앉도록 하고, 내부 원에 앉은 구성원과 외부 원에 앉은 구성원을 짝지어 준다.

- 내부 원에 앉은 구성원들에게 사고를 불러일으키는 토의 질문(discussion question)을 제시한다.
- 내부 원의 토의가 진행될 때, 외부 원에 앉은 구성원들은 내부 파트너의 토의 행위를 노트한다.
- 내부 원에 앉은 구성원들의 토의 이후에는 외부 원에 앉은 구성원들이 자기의 파트너에게 구성적 피드백을 제공한다.
- 파트너는 자리를 교환해서 앉고, 새로운 질문을 제시한다.

6. 심포지엄

심포지엄(symposium)은 고대 그리스 및 로마의 담화나 좌담 형식의 토의이다. 심포지엄이라는 용어는 학문적으로 이야기를 나누는 교양인의 모임이라는 의미에서 유래되었다. 현대적인 의미로는 하나의 토의 주제에 대해 전문적인 지식인 식견이나 다른 관점을 가진 사람들을 몇 명 초청하여 의견을 발표하는 형식이다. 심포지엄에서 한 명의 참가자가 담당하는 시간은 30분~3시간 정도이다(전명남, 2006).

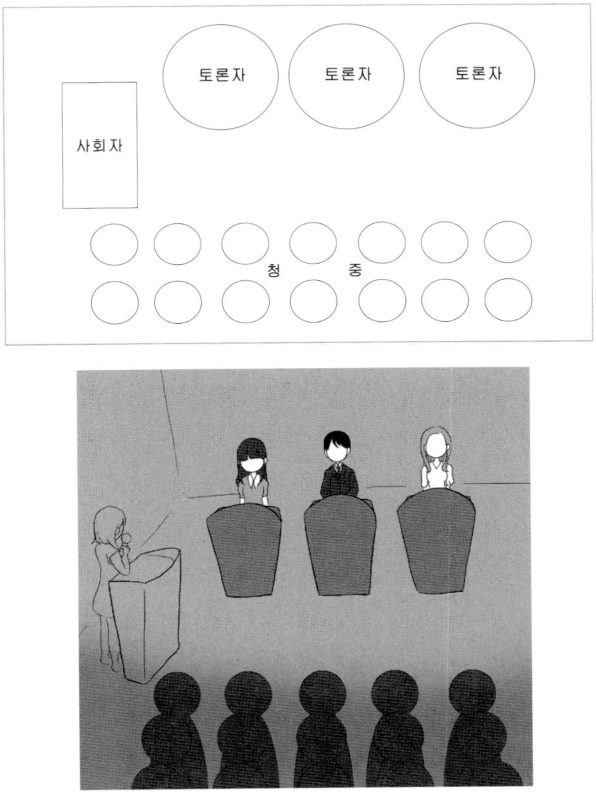

[그림 8-5] 심포지엄

7. 버즈 토의

필립스(J. Phillips)가 창안한 버즈 토의(buzz discussion)는 한 주제에 대해 6명씩 그룹을 지어서 6분 정도 토의하는 방법이다(전명남, 2006).

- 여섯 사람이 먼저 모둠을 만든다.
- 주제에 대해 6분간 토의한 다음 그 결과를 가지고 전체집단이 토의한다.

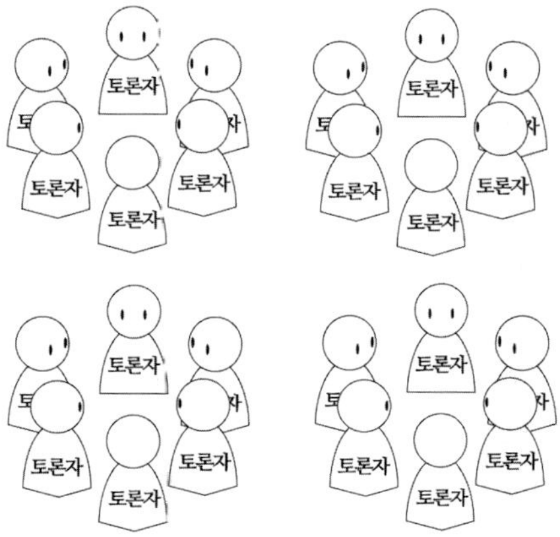

[그림 8-6] **버즈 토의**

8. 악마의 주장법

천주교에서 '성인(saint)'으로 추대된 후보에 대해 교회가 엄격한 심사를 거쳐서 '적격이 되지 않는 이유'를 자료를 통하여 주장하는 방법에서 유래되었다. 이때 주장하는 사람을 '악마(devil)'라고 칭한다. '악마의 주장법(devil's advocate method)'은 제시된 안의 '약점'이나 '단점'을 제시해서 특정한 '안(案)'이 가지는 문제점들을 최대한 파악해 낼 수 있는 장점이 있다(전명남, 2006).

9. U형 토론 포럼

'U형 토론 포럼(U-devate Forum)'은 구성원들이 한 주제를 각각 다른 견해로 다룰 때 도움이 된다(Athanases, 1998). 교실의 모든 좌석을 U형으로 배치한다. 구성원들에게 자신의 관점에 일치하는 좌석에 앉도록 한다. 주장 A에서 주장 B와 주장 C에 이르는 각 관점별로 토의한다. 구성원들은 본인 좌석의 관점을 이미 숙지하고 있으므로 관심이 없는 견해에 대해서도 공유가 가능하다. U형 토론 포럼에서는 관점이 변화함에 따라 좌석을 이동할 수 있다(전명남, 2006).

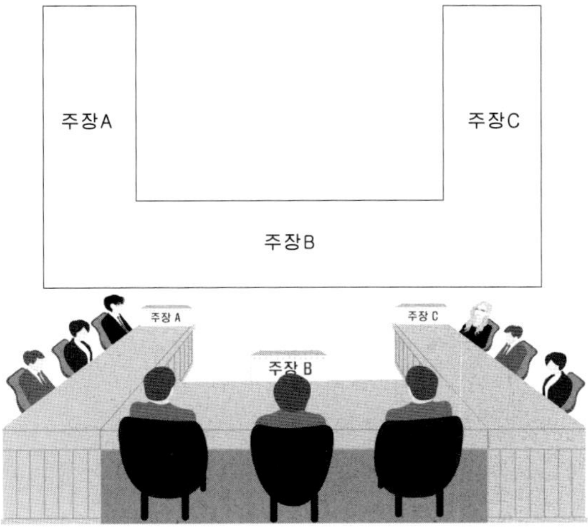

[그림 8-7] U형 토론 포럼 좌석 배치

10. 하크니스 테이블 사례

미국의 명문고인 필립스 엑스터(Phillips Exeter) 고등학교는 1930년대 재력가였던 하크니스가 거액의 장학금을 제공하면서 시작된 '하크니스 테이블(Harkness Table)' 을 활용하여 제대로 된 토의와 토론 교육을 실현하고 있다. 각 교실의 수업하는 장소 뒤쪽에 구성원들이 원의 형태로 둘러앉아 토의와 토론을 수행할 수 있도록 만들어진 갈색 테이블이다. 영어나 인문사회는 물론 수학과 과학 수업에까지 하크니스 테이블 방법을 도입하여 운영한다. 모든 구성원이 교사와 함께 원탁에 둘러앉아 토론하고, 교사는 구성원들의 토론이 제대로 진행되도록 유도할 뿐이다. 필립스 엑스터 고등학교에서는 교사가 구성원들에게 주입식 교육을 하기보다는 구성원들이 서로에게 배우도록 유도하며, 이것이 학습효과가 뛰어나다는 것을 증명해 내고 있는 것이다.

이러한 하크니스 테이블은 수업 중 이루어지는 정규 토의와 토론 이외에도, 수업 후 구성원들끼리 이어지는 자유 토론(bull session)이 가능하도록 돕는다. 구성원들끼리 모여 자신의 아이디어를 논하고 잘 이해하지 못하는 부분은 물어보기도 하여 궁극적으로는 자연스럽게 종합적 사고를 개발할 수 있게 된다.

[그림 8-8] 하크니스 테이블

CHAPTER 09

토의와 토론의 기술

1. 사회자

사회자는 토의 상황에 따라서 '리더(discussion leader)', '조정자(discussion moderator)', '진행자'를 가리킨다. 사회자는 모든 그룹 구성원의 능동적 참여를 격려하는 일을 수행한다. 예를 들면, "보성아, 토의가 진행되는 동안 아무 말도 하지 않았구나. 너는 어떻게 생각하니?", "김철희 참가자와 박정수 참가자가 이것에 대해 생각하는 바를 알겠습니다. 하지만 이순영 참가자와 안서영 참가자는 어떻게 생각하고 계신지 모르겠습니다."라고 말할 수 있다.

사회자의 일차적 역할은 모든 구성원들이 골고루 참여할 기회를 가질 수 있도록 전체 집단을 '순환(rotate)' 시키는 것이다. 특히, 질문뿐만 아니라 세련된 토의 사회자는 그때그때의 상황에 항상 능동적으로 대처하고 주변의 인적 자원을 효과 있게 활용하기 위해 노력한다(전명남, 2006).

1) 사회자는 오케스트라 지휘자

재능 있는 사회자들은 토의를 무의식적으로 오케스트라(지휘)한다. 그래서 사회자의 리더십을 오케스트라 지휘자에 비유하여 마에스트로 리더십이라고 칭한다. 주로 '탐색적인 말(exploratory talk)'을 본능적으로 다룬다. 탐색적인 말은 논쟁적이거나 축어적인 말이 아니라, 토의 내용을 곰곰이 검토하며, 증거나 이유를 찾아내고 대안의 가설을 제안하는 말들이다.

사회자는 토의 분위기를 조성해 간다. 기다리고 구성

원들이 이끌도록 두며, 참여하는 상황이 될 수 있도록 오케스트라한다. 기다린 후라면, 불일치성을 지적하는 것을 두려워하지 말고, 정확한 정보를 제공한다.

2) 구성원들이 과제를 독립적으로 수행하도록 돕는다

- 연결한다(connect): 토의가 아이디어를 재순환 반복(reiterating)함으로써 진행되도록 한다. 그래서 청중뿐만 아니라 참여자들이 왜 다음의 아이디어가 의미가 있는지를 알도록 해준다.
- 확장한다(extend): 토의에 새로운 정보(new information)를 첨가함으로써 진행되도록 한다. 이것은 화자에게 보다 많은 정보를 제공하기를 요청함으로써 행해질 수 있다. 의견이 일치하거나 그것에 더하는 방식으로, 혹은 일치하지 않을 때는 왜 그런가를 말함으로써 가능하다.

3) 사회자는 발언, 질의 시간, 발언 횟수 등을 조절하고 청중에게 질의를 유발시켜야 한다

질의 시간을 미리 정하여 두어 전체 시간이 초과되지 않도록 계획한다.

질문이 나오지 않는 경우에는 중간을 요약하거나 내용을 부연 설명하여 참가자들이 자발적으로 질문하도록 돕는다.

4) 사회자는 상황에 따라 융통성 있게 역할을 변화시켜야 한다

사회자는 관찰자이면서 동시에 참가자, 촉진자의 역할을 수행하고 있다. 구성원들이 능동적으로 토의를 이끌어 가면, 사회자는 옆에 있거나 혹은 같이 앉아 있는 참가자가 되는 등의 유연한 태도를 발휘한다. 사회자는 토의에서 구성원들이 잠재적인 능력을 발휘할 수 있도록 촉진자의 역할을 수행한다.

5) 사회자는 제반 여건을 정비하고, 목표와 절차를 안내한다

참가자 전원이 토의에 참여하도록 이끌며, 토의가 주제에서 벗어나지 않도록 안내한다. 토의를 실제적인 것이 되도록 한다. 토의에서의 사적인 잡담을 저지한다.

6) 토의 목적이나 주제에서 벗어나지 않도록 모니터링한다

토의가 목적이나 주제에서 이탈되지 않도록 모니터링한다. 생산적인 토의가 될 수 있도록 나오는 정보나 아이디어의 흐름을 조절해 준다.

7) 발언의 공정성

지나치게 말이 많은 참여자의 활동을 토의의 활성화를 위한 방향으로 조절해야 한다. 한두 사람이 토의를 독점하도록 해서는 안 된다. 구성원들이 토의를 진행할 때 사회자는 한쪽에 가만히 서 있거나 앉아 있을 수도 있다. 소집단에서 다른 소집단으로 옮겨 다니면서 구성원들의 토의 내용을 경청할 수 있도록 한다.

8) 결론이나 판정 내리지 않기

토의 내용을 검토하거나 중간 요약을 한다. 의견과 사실을 의미 있는 관계로 결합시킨다.

9) 서로 말할 수 있도록 촉진하는 방법을 활용한다

사회자가 구성원들이 토의 중에 말하고 있는 모습을 지켜 봐 주는 것은 토의에 적극적으로 참여하도록 만드는 방법이다. 또한 같은 질문을 다른 구성원들에게 눈길을 주면서 재질문한다. 구성원들이 자신의 견해를 밝힌 수준에서 토의가 중단되면, 그 견해에 대한 증거를 제공하도록 이끈다. 토의에서 상대 구성원이 말한 내용에 대해 서로 질문한다. 토의에서 나온 내용 간의 갈등적인 부분을 찾아서 말해 볼 수 있도록 지적한다. 소집단인 경우 토의의 리더 역할을 바꾸어 진행한다. 토의 중간에 토의 내용을 요약할 기회를 가지도록 한다.

10) 결론을 유도하며 비판적 사고를 장려한다

자주 토의를 요약하여 전체에게 알려 준다. 최종 결론은 물론 미해결된 문제까지도 분명히 밝힌다.

11) 사회자는 다양한 의견이 나올 수 있도록 격려한다

참가한 사람들이 모두 동등한 입장에서 발언하도록 한다. 사회자는 발언을 강요할 것이 아니라, 질문을 잘 활용하여 의견을 유도해 내도록 한다.

12) 종결

적절한 합의에 도달하기 위해 아이디어를 결합시키고 협상안에 도달할 수 있도록 돕는다. 사회자는 토의한 내용을 요약해 준다. 문제영역을 재규정하거나 토의 중에 혼돈되는 내용에 대해 반응한다. 토의 내용이나 토의 전반 활동에 대해 함께 성찰한다.

▮ 행사에서 사회자 역할 해 보기 ▮

○ 사회자 인사 및 소개
여러분 안녕하십니까. 저는 오늘 사회를 맡은 □□ □□□ 입니다.

○ 참가한 청중에게 감사 메시지
공사다망하신 중에도 ________________ 행사에 참석해 주신 여러분께 깊이 감사드립니다.

○ 전반적 행사 소개
오늘 행사의 강의 주제는 □□□□□ 입니다.
사람들이 바라는 많은 것들 중의 하나가 □□□□□ 입니다.
오늘 행사를 통해 □□□□□ 를 얻게 되실 것입니다.

○ 강사 소개 및 행사 진행
오늘 강의는 오랫동안 □□□□□ 를 연구해 오신 □□□□□ 께서 해 주시겠습니다. □□□□□ 님은 현재 □□□□□ 이시고 '□□□□□' 와 같은 일을 해오셨습니다. 그럼 □□□□□ 님을 큰 박수로 모시겠습니다.

○ 마무리
지금까지 □□□□□ 께서 □□□□□ 에 대해 강의해 주셨습니다. 다시 한 번 큰 박수 부탁드립니다.

2. 아이스브레이크

토의에서 '아이스브레이크(ice-brake)'는 '서먹서먹함을 푸는 것'을 가리키며, '물꼬 트기'라고도 한다. 토의에 참여하는 집단 구성원이 서로에 대해 잘 모르고 있을 때 활용한다. 특히 일부 토의 구성원들이 두려워하거나 초조해하고 있을 때 가장 유용하다. 첫 시간에는 2~3회, 두 번째 시간부터는 1회 정도가 효과적이다. 아이스브레이크를 할 때 구성원들 누구도 두려움이나 소외감을 느끼지 않도록 하는 것이 중요하다(전명남, 2006).

1) 아이스브레이크 도입

짧은 시간 내에 구성원들이 토의 참여자로서의 자신을 소개할 수 있도록 이끈다. 이때 각 구성원들의 책임은 다른 구성원에게 자신을 확실히 기억할 수 있도록 만드는 것이다.

2) 아이스브레이크의 예시

- **공통점은 무엇인가**? 구성원들은 서로에 대해 소개하면서 파트너끼리 인사를 나눈다. 소개한 두 사람들 간에 공통점 두 가지씩을 발견해 낸다. 예를 들면, 같은 성을 가진 이름, 같은 달에 태어났다는 것, 야구를 좋아한다는 것 등을 찾아낸다.

- **전체의 관계 찾아 주기** 일부 구성원들에게는 개인 정보를 주고받는 것이 부담이 될 수 있다. 이런 경우 토의 집단 전체의 공통점이 될 수 있는 것들의 목록을 호명하여 집단들을 교실 중앙에 모은다. 예를 들면 '자전거를 타고 다닌다', '파란 점퍼를 입고 있다', '강릉에 가본 적이 있다' 등이 있다.

- **바로 그 구성원, 한 구성원을 찾습니다!** 모든 구성원들에게 '빙고 카드'의 형태로 제시되는 '특성 리스트'를 나누어 주고, 각 특성에 해당되는 구성원을 적어도 한 명씩 찾아내어 '특성 리스트'에 기입한다. 예를 들면, 아래의 〈표 9-1〉과 같이 특성 리스트를 만들어 활용한다.

〈표 9-1〉 특성 리스트

• 노래를 잘 부르는 사람		• 운동을 매일 하는 사람	
• 3월에 생일인 사람		• 농사를 지어 본 사람	
• 중국에 가 본 적이 있는 사람		• 기숙사에 살고 있는 사람	
• 가족 중에 쌍둥이가 있는 사람		• 고양이를 가지고 있는 사람	
• 국수를 싫어하는 사람		• 바다 근처에 산 적이 있는 사람	
• 아이를 키우고 있는 사람		• 오토바이를 타는 사람	
• 빵을 구울 수 있는 사람		• 사진찍기를 좋아하는 사람	

3. 라운드 로빈과 팝콘 방식

라운드 로빈(round robin)은 '차례대로 기회를 받는 것'을 가리키며, 토의와 토론의 참여자들이 이어 가며 발언하는 방법이다. 합리적인 순서나 순환 순서 방식으로 진행할 때 유용하다. 라운드 로빈을 활용하게 되면 참여자들에게 발언 기회가 골고루 부여되기 때문에 공정성을 확보할 수 있다(전명남, 2006). 라운드 로빈 방식에서 다음 발언자가 없으면 건너뛰어 다음 사람이 말하면 된다. 팝콘(pop corn) 방식은 참가의 순서 없이 아이디어를 내는 것을 가리킨다. 라운드 로빈과 팝콘 방식은 브레인스토밍뿐만 아니라 대부분의 토의에서 활용할 수 있다.

1) 라운드 로빈 스케줄링

일정한 토의나 발표 시간을 할당하고, 그 시간 동안만 발언할 기회를 준 다음 시간이 지나면 중지나 보류를 한 후 다른 발표자에게 기회를 넘기는 방식이다.

2) 라운드 로빈 이야기 쓰기

온라인 토의나 토론에서 쉽게 활용할 수 있다. '라운드 로빈 이야기 쓰기'는 한 토의자가 이야기를 시작하면 그 다음 사람이 이어받아 이야기를 진행하는 것이다. 이때 글의 길이나, 시작과 끝의 형식을 미리 정해 둘 수 있다.

3) 팝콘 방식 브레인스토밍

브레인스토밍을 진행하는데 아이디어가 고갈될 때까지 자유롭게 아이디어가 떠오르는 대로 발언하는 방식이다.

4. 토의 시간 제한 장치: 모래시계와 타임벨

1) 3분 모래시계·5분 모래시계·8분 모래시계

토의를 통해 보다 나은 창의적 아이디어를 내고, 토의자 전원이 효과적으로 의견을 낼 수 있도록 하기 위해서 '3분 모래시계', '5분 모래시계', '8분 모래시계' 등을 쓸 수 있다. 모래시계는 사회자나 그날의 토의 조정자가 조작하며,

토의자 전원이 쉽게 볼 수 있는 위치에 둔다. 한 토의자가 5분이나 8분 동안 의견을 말하고 그에 대한 부연 설명을 할 수 있도록 하는 것이다(전명남, 2006).

2) 타임벨

토의장에 '타임벨(time bell)' 을 설치하여 발언이 시작되면, '타임벨' 을 발언자가 누르고 진행하는 방식이다. 또는 전체 토의에서 남은 시간을 표시하는 '잔여시간 타임벨' 도 활용할 수 있다.

3) '3040' 토의

전체 토의 시간을 30분, 40분, 50분으로 한정시켜서, 각 참여자에게 돌아가는 시간을 정해진 대로 부여하는 것이 좋다. 예를 들면, 5명이 40분 동안 토의를 하는 경우, 5분 모래시계를 사용하여 5명이 2회에 5분 동안 발언할 수 있는 기회를 제공한다.

4) '무제한 시간' 토의

토의를 통해 효과적인 결과를 얻기 위해 시간의 제한을 두지 않고 결론이 나올 때까지 계속하는 방식이 '무제한 시간' 토의이다.

5. 칠판 활용

1) 칠판을 활용하여 의견의 흐름을 시각화한다

- 참여하는 사람들이 모두 볼 수 있는 위치에 둔다.
- 토의 주제를 쓴다.
- 참여자가 발언하는 논점을 기록한다.
- 결론이나 요점을 정리하여 기록한다.

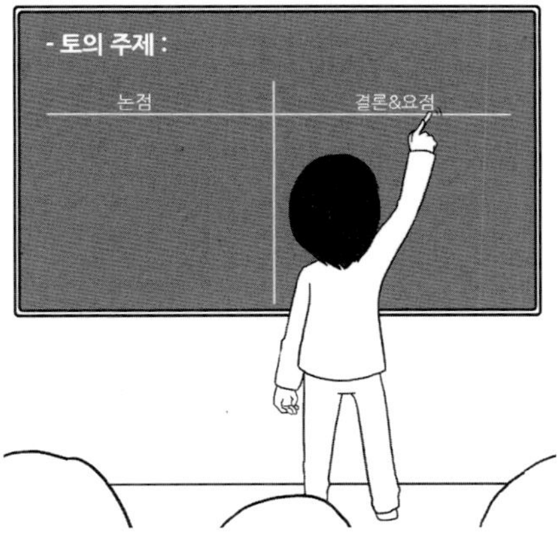

6. 브레인스토밍

오스본(A. Osborn)은 뇌에 폭풍을 일으키다의 의미인 '브레인스토밍(brainstorming)' 활동을 창시했다. 이것은 새로운 아이디어를 낼 때 유용하다. 참여 인원은 총 12명 정도가 적당하며, 머릿속에 떠오르는 대로 자유롭게 아이디어를 낸다(전명남, 2006).

브레인스토밍의 노하우

○ 자유스러운 분위기를 유지한다.
○ **판단 금지의 원리**: 나오는 아이디어에 대한 비판을 없앤다.
○ **탐색 확장의 원리**: 나오는 아이디어가 많으면 많을수록 좋다.
○ 다른 사람이 낸 아이디어에 새로운 아이디어를 부가한다.

- 팀을 이루어 브레인스토밍에 들어간다.
- 가능한 한 많은 아이디어를 낸다.
- '맞아', '틀렸어' 등과 같은 찬반의 의견은 자제한다.
- 매시간 토의에 들어가기 전에 '브레인스토밍'으로 아이스브레이크를 시작해도 좋다.
- 토의 주제가 정해지고 브레인스토밍을 시도하려는 경우에, SWOT 차트를 그려서 진행할 수 있다. 즉, 주제에서 제안되는 아이디어의 강점, 약점, 기회, 위협을 브레인스토밍하는 방법이다.
  - S : 주장이나 의견이 가지는 강점(strengths)
  - W : 주장이나 의견이 가지는 약점(weaknesses)
  - O : 주장이나 의견으로 인한 기회(opportunities)
  - T : 주장이나 의견으로 인한 위협(threats)

7. 활용할 수 있는 질문 유형

연구자 Alvermann 등(1996)은 구성원들의 토론의 질이 사회자 또는 리더에 의해 선택되는 질문의 질에 의존한다고 밝혔다. 질문이 너무 어려우면 구성원들은 배경지식이 부족하여 표면적인 토의에 그치게 되고, 질문이 너무 쉬운 경우에는 명백한 대답이 있기 때문에 구성원들은 거의 토의하지 않는다. 질문이 지겹거나 구성원들의 개인적인 삶과 연관성이 없다면, 구성원들은 토의를 지속하거나 토의에 노력을 기울이지 않는다고 밝혀냈다(전명남, 2006).

1) 주요 질문

토의의 방향을 확립하고자 하는 가장 근본적인 질문이다. '왜?', '어떻게?' 라는 관점이 중요시 된다.

<예시> "이 문제에 대해 어떻게 생각합니까?"

2) 아이디어의 차이를 다루는 질문

<예시> "좀 전에 말한 내용과 다르지 않습니까?"
"두 사람의 의견은 어떻게 다른지 말할 수 있습니까?"
"그 의견은 저 사람의 의견과 같지 않습니까?"

3) 다음 단계로 진척시켜 나가기 위한 질문

<예시> "다음 사항으로 넘어갈 준비가 되었나요?"
"한번 매듭을 지어 볼까요?"

4) 추급 질문: 명확하게 해명해 내기 위한 질문

명확하지 못한 문제를 명확하게 하려는 질문이다. 하나의 문제를 계속 추구하기 위해 주장에 전제되어 있으나 드러나지 않은 내용을 밝힐 때 사용한다.

<예시> "~라고 말씀하신 것 같은데 맞습니까?"
"말한 내용에 대해 조금 더 자세히 이야기 해 주시겠습니까?"
"~라는 말은 구체적으로 두엇을 뜻합니까?"
"그것에 대하여 예를 들어 주시겠습니까?"
"다시 한 번 더 그 내용을 말씀해 주시겠습니까? 보다 부연 설명할 수 있는지요?"
"~라고 보십니까?"
"~는 구체적으로 무엇을 뜻합니까?"
"어떤 ~ 근거를 대어 볼 수 있을까요?"
"~라는 말은 무슨 뜻이 포함되어 있습니까?"

5) 유발 질문

주요 질문을 구체적으로 인정하고 요약해 실제로 토의가 일어나도록 방향을 구체화시키는 질문이다.

<예시> **전반적 질문**: 전반적인 문제에 관한 질문으로서 참가자 전원에게 던진다.
<예시> **지명 질문**: 특정한 개인에게 던지는 질문이다.
<예시> **주장과 근거를 묻는 질문**:
"~라는 말은 ~을 전제하고 있는 것 같은데, 그렇지 않습니까?"
"~라는 주장을 뒷받침할 수 있는 근거나 증거를 댈 수 있습니까?"
"~는 결국에 가서는 ~을 의미한다고 볼 수 있지 않습니까?"

6) 릴레이 질문

참가자들로부터 질문이 나왔을 때 이를 다시 참가자들에게 전반 질문이나 지명 질문 형태를 빌어서 하는 질문이다.

7) 반전 질문

참가자들에게 질문이 나왔을 경우 질문을 한 본인에게 되묻는 질문이 반전 질문이다.

8) 요점을 묻는 질문

토의 내용이 길어 말의 핵심이 분명하지 않을 때 말의 요점을 말할 수 있도록 한다.

<예시> "지금까지 말한 것을 한 마디로 요약해 주실 수 있습니까?"
"길게 말해 주셨습니다만, 짧게 정리해서 말한다면 어떻게 말할 수 있을까요?"

9) 논점에서 벗어난 경우의 질문

<예시> "~에서 말한 내용은 우리가 토의하고 있는 문제와 어떻게 관련됩니까?"
"지금 ~을 토의하고 있는데, 원래의 논제로 돌아가서 말하도록 합시다."

10) 주의를 환기시키기 위한 질문

<예시> "그것은 그 주제와 어떻게 관련됩니까?"
"말한 것은 ____ 와 어떠한 관련이 있습니까?"
"그것은 ____ 와 어떻게 다릅니까? / 어떻게 다릅니까?"
"~라고 확신합니까?"
"어떤 점이 그렇게 특별하지요?"
"반대 의견은 없습니까?"

11) 아이디어나 대안을 고무시키기 위한 질문

<예시> "어떻게 하면 ~ 할 수 있을까요?"
"~해야 한다고 생각하지 않습니까?"
"그에 대해 구성원이 했던 이야기가 마음에 듭니다. 구성원은 ~라고 생각하십니까?"
"간과하고 있는 점은 없습니까? ~ 을 말씀해 주십시오."
"이 문제에 대해 다른 방식으로 생각할 수는 없을까요?"

12) 오류를 다루는 질문

<예시> "그러한 근거를 가지고 ~라고 결론을 내릴 수 있을까요?"
"~은 ~의 원인이라고 볼 수 있습니까?"

8. 소집단과 대집단 구성 방법

토의와 토론을 효과적으로 진행하기 위해서는 전체 집단을 소집단·중집단·대집단으로 나누고 다시 합치는 활동 등에 유의할 필요가 있다. 몇 명을 하나의 토의그룹으로 할 것인가, 어떤 방식이나 기준으로 나눌 것인가 등에 대해 고려한다. 집단 구성에 있어서 두 가지 결정이 요구된다. 첫째는 집단을 어떠한 형태로 나눌 것인가에 대한 결정이다. 소집단이 토의하기에 적절한 구조이나 안건에 따라서는 전체 집단의 형태가 요구될 수도 있다. 둘째는 보다 생산적인 효과를 기대하기 위해 나누어진 집단을 어떻게 배치할 것인가에 대한 결정이다(전명남, 2006).

1) 소집단과 대집단

토의그룹의 크기가 작을수록 참여자의 참여 기회는 커지고, 보다 능동적으로 참여하게 된다. 토의집단 크기 연구에 따르면, 4~6명의 구성원들이 소집단

(small group)을 구성할 때 가장 이상적이다. 15명 미만일 때는 소집단, 30명 정도일 때는 중집단(middle group), 50명 이상일 때는 대집단(large group)이다.

2) 집단 구성원 선정

집단 구성원을 선택하기 위해서 고려해야 할 점은, 첫째, 융통성이 있을 것과, 둘째, 규칙적으로 접근해야 한다는 점이다. 규칙적이란 소집단 구성원의 선택에 있어서 일정한 준거를 설정하는 것을 말한다. 예를 들면, '남녀 2명씩 옆자리에 앉은 사람' 등의 준거이다. 구성원 선정의 준거를 설정하였다면, 누구에게나 공정하게 규칙을 적용한다.

3) 소집단 토의가 적절한 경우

<예시> 토의를 통해 구성원들이 새로운 의미를 두출하고자 할 때
구성원들이 효과적인 전략을 연습할 때

4) 대집단 토의가 적절한 경우

<예시> 구성원들이 새로운 주제를 탐색하기 전에 가이던스를 제공할 때
새로운 주제를 구성원들에게 제시할 때, 배경지식, 어휘구축, 학습목적을 결정하도록 준비시킬 필요가 있다.
구성원들에게 하나의 새로운 주제를 탐색하도록 하고 이후에 추수지도(追隨指導)할 때
구성원들에게 토의를 연습할 모델이나 기회를 제공할 때

5) 동질적 집단과 비동질적 집단

집단을 이루고 있는 구성원의 성질에 따라 동질적 집단(homogeneous group)과 비동질적 집단(heterogeneous group)으로 구분한다. 아이디어를 많이 내야 하는 토의에서는 토의 구성원의 성별, 연령, 배경, 기초지식이 다양한 비동질적 집단으로 구성하는 것이 권장되고 있다.

9. 미니 강의와 유인물

토의를 더욱 깊이 있게 운영하고 싶을 때, 토의 초반이나 중반에 '미니 강의(mini-lecture)' 를 통해 자료학습 시간을 마련한다.

1) 미니 강의

토의 시간이 너무 길다고 판단되는 경우에 사회자 또는 리더는 구성원들 간의 상호작용을 높이기 위해 토의와 관련된 주제로 5~20분 정도의 미니 강의를 준비한다. 그러나 주의할 점은 미니 강의 내용이 구성원들의 다양한 생각을 일제히 한 방향으로 돌리지 않는지를 점검해야 한다. 토의 중 구성원들의 토의 관련 지식이 빈약하다고 여겨질 때에도 미니 강의 방식을 활용할 수 있다. 또한 미니 강의와 토의를 교대로 운영하여 토의식 수업을 진행할 수 있다.

2) 유인물

소집단 토의를 위해 유인물을 나누어 주고 그 내용을 가지고 담화하는 방법을 활용할 수 있다. 유인물 자료를 읽을 때 다음의 몇 가지 사항에 유의하여 메모해 둔다. '제시 자료에서 요점은 무엇인가?', '저자가 포함시키고 있는 중요한 사항들은 무엇인가?', '저자가 써놓은 내용에 대해 동의하는가?', '다른 관점이 있는가?', '제시된 자료는 어떤 흥미로운 아이디어를 유발하는가?'.

10. 토론망

찬성과 반대 의견이 맞서는 토의를 할 때에 아이디어에 대한 기록을 할 수 있는 토론망(discussion web)을 활용할 수 있다. 토론망을 사용하면서 진행하면 쉽게 요약하거나, 빠뜨린 사항 등을 다룰 수 있다(전명남, 2006).

1) 토론망의 활용 방법

<예시> '명제'로 진술되는 주장을 가운데 네모 빈칸에 쓴다.
'그렇다', '아니다' 쪽의 네모 빈칸에 토의자별 주장의 요점을 진술한다.

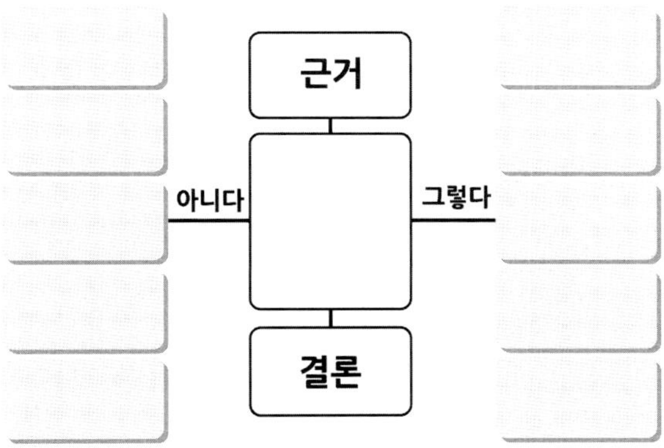

* Alverm ann(1991)에서 인용

11. 웹사이트・방송・동영상 자료 활용

1) 토의와 토론 학습 자료를 웹사이트·방송·동영상 등에서 발췌

웹사이트·방송·동영상 등에서 발췌하여 연속적으로 토의와 토론 교육에 활용하는 방법이다. 이것은 문학, 역사, 사회과학, 자연과학 등의 다양한 학습 주제에 활용될 수 있다(전명남, 2006). 이때 자료의 출처와 제공자를 분명하게 밝힌다. 웹주소, 방송사 등의 구성원료의 출처는 자세하게 공시해야 한다. 구성원료를 추천하거나 제공하는 사람의 e-mail주소와 연락처, 방영시간, 인터페이스의 소개 등을 분명하게 제시한다.

〈예시〉 - 교육 방송 http://www.ebs.co.kr
- 일반 방송 http://www.sbs.co.kr
http://www.kbs.co.kr
http://www.imbc.com
- 국제 케이블 방송(discovery channel discussion)
http://dsc.discovery.com
http://www.h-net.org/lists

12. 토의 준비

토의를 책임지는 사회자 혹은 구성원들은 토의를 미리 준비해야 한다. 토의 준비도 토의 진행만큼이나 중요하다. 토의를 준비할 때에는 기본적인 단계가 몇 가지 있다. 토의나 회의에 있어서 알맞은 장소의 선택, 책상의 배열, 필요한 경우에는 흑판, 마이크, 차트, 환등기, 기타 자료 등이 큰 영향을 미치는 경우가 많다. 또한 토의의 내용은 반드시 기록되어 보관 또는 발표될 필요가 있다. 무엇보다도 토의에 있어 그 분위기는 가장 중요하다 할 수 있다. 자유롭고 활발하면서 질서 있는 분위기야말로 토의를 성공시키는 열쇠이다. 토의자의 활발한 참여는 각자의 기대나 동기에 의해서 가능해지므로 참여 의욕을 줄 수 있게끔 계획되어야 한다.

구체적으로 토의 준비를 위한 예시 사항은 다음과 같다. 좌석 배치, 발표 공간, 마이크 등의 물리적 환경을 마련한다. 구성원들이 토의를 위해 어떤 자료를 수집하고 있는지를 미리 숙지해야 하며 적절한 자료를 준비하여 읽을 수 있도록 지도

한다. 필요하면 자료를 정리하도록 요구한다. 토의 자료와 관련해서 구성원들이 질문하는 내용에 답변해 준다. 토의의 개략적인 목표를 설정한다.

예를 들면, 구성원들이 토의 시에 고려해 보아야 하는 쟁점, 해답을 찾아보아야 하는 문제, 사전에 구성원들에게 알려 주고 싶은 문제 등으로 설정한다. 토의에 참여하는 구성원 집단을 어떻게 적절한 규모로 나눌 것인가를 계획한다. '소집단으로 할 것인가', '대집단으로 할 것인가'를 결정한다. 구성원들에게 토의에 대한 준비 기회를 미리 제공한다. 자료를 찾거나 읽을 과제를 낼 수도 있을 것이며, 토의시간 전에 개별 구성원별로 짧은 리포트를 써서 낼 수 있도록 하는 것도 좋다. 자료를 검토하며 어려운 이슈나 잠재적 문제에 대해 주목한다. 발표자 선정, 토의 규칙 제시, 토의 진행 순서에 대해서도 파악하고 계획한다.

토의 계획

이름 : ______________ 날짜 : ______________

주제에 대한 질문 :

사 실	의 견	결 론	토의 후 새로운 생각

[그림 9-1] **토의 계획 시트**

1) 토의 준비의 재점검

토의를 준비하는 또 다른 중요한 측면은 일련의 재점검이다. 구성원들이 토의 진행을 맡게 되면 자발적으로 자신들의 행위에 대해 계속적으로 반영하게 된다.

토의 준비의 재점검 사항은 구체적으로 다음과 같다. 첫째, 토의에 참고가 될 자료를 참가자들에게 제시하거나 유인물을 전달할 필요도 있으므로 토의될 내용을 가능한 한 충분히 검토 연구하고 사전진행 계획을 세워 두어야 할 것이다. 둘째, 요구사정(need assessment)이다. 그 문제가 집단 토의에 적합한가를 우선적으로 고려할 필요가 있다. 토의가 모든 문제해결의 가장 지름길은 아니므로 다음에 점검하는 내용은 꼭 짚고 넘어가야 할 것이다. 셋째, 이 문제를 토의에 상정함으로써 누군가의 권한을 침범하는 것은 아닌가? 를 점검한다. 넷째, 개인 결정보다 경제성이 있는 문제인가? 그 문제는 여러 사람의 의견 교환을 필요로 하는가? 그 문제는 참가자들의 관심을 끌 수 있는가? 등을 체크한다. 이외에도 절박성, 긴요성, 복합성 등을 재점검하도록 한다(전명남, 2006).

2) 진행 개요서 작성

토의 요구(need)에 대한 충분한 확신이 서면 토의 진행 개요서를 작성한다. 일단 기본적인 개요서가 작성되면 토의의 참가자들에게 연락하고 필요한 제반 준비를 갖춘다.

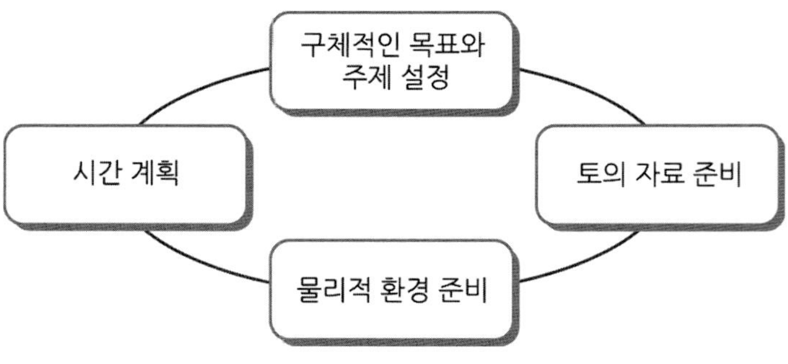

[그림 9-2] **토의 준비의 요소**

13. 라포르 형성을 위한 구체적 활동

토의가 잘 이루어지기 위해서는 편안한 교실 분위기를 구축하는 '라포르(rapport) 또는 분위기 형성'을 위한 활동을 제공할 수 있다.

1) 이름 알기

구성원들은 서로의 이름을 알 필요가 있다. 처음 몇 번의 미팅 동안은 좌석 앞에 이름판을 세워 둔다. 이름표 틀이 없는 상황에서는 A4용지 1장을 3번 접어서 이름을 써서 활용하면 된다.

2) 좌석 배치

구성원들이 서로서로 볼 수 있는 좌석 구조를 만든다. 원이나 사각형으로 좌석을 배치하면 운영이 용이하다.

3) 참여하는 구성원들이 서로의 이름에 친밀해지기

토의에 참여하는 구성원들이 서로의 이름을 알고 부를 수 있도록 한다. 서로의 이름을 외우고, 배경이나 관심 분야를 알아 둔다.

4) 토의를 시작할 때 열린 질문으로 시작한다.

어떤 토의든 다양한 아이디어가 나올 수 있는 열린 질문(open question) 또는 발산적인 질문(divergent question)으로 시작하는 것이 좋다. 토의자 간의 의견이 서로 일치하지 않을 때 더욱 활발한 토의가 이루어질 수 있다.

14. 토의의 시작

계획한 바를 재고하여 토의를 시작한다. 토의를 시작할 때에는 왜 토의를 하게 되었는지에 대한 설명을 제공한다. 토의 진행에 필요한 역할을 분담하고 토의 규칙과 방법을 제시한다. 그리고 구체적인 토의 과제를 제공한다.

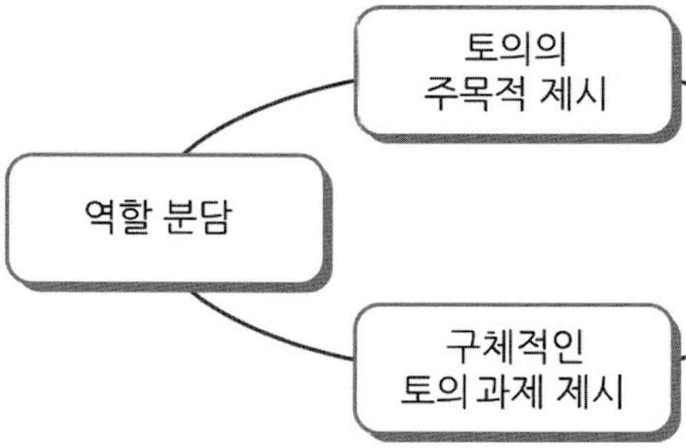

[그림 9-3] **토의 시작의 요소**

- 토의 진행 순서, 목적, 기본 규칙, 절차들을 참가자들에게 알린다.
- 토의의 목표와 기본 규칙을 분명히 제시하여 설명한다.
- 명쾌하게 토의를 시작하라. 그렇지만 토의의 순간순간에서 일어날 수 있는 모든 절차나 토의의 내용 및 방향을 너무 구체적으로 구조화시키면 토의가 경직될 수도 있다.

15. 토의 진행 중

1) 토의 시간 관리

토의 시간을 100으로 둔다면 하위 주제의 수에 따라 20:30:30:20, 혹은 30:40:30 등으로 나누어 시간 관리를 해 나간다. 토의 중간중간에 기본 규칙을 반복하여 설명하거나 토의 결과로 얻게 될 기대를 설명한다.

2) 자유롭게 발언할 수 있는 분위기를 형성하고 토의를 진행한다

토의 중 필요한 부분에서 정확하고 참신한 정보를 제공해 주거나 구성원들 스스로 확인해 보도록 한다.

3) 토의를 활기차게 만든다

질문(탐색 질문, 관계 질문, 인과 질문, 진단 질문, 행위 질문, 가설적 질문) 참가자들에게 자료를 도입하도록 할당, 집단을 짝 혹은 그룹으로 다양하게 나누어 진행하는 방식 등을 활용하여 토의를 활기차게 만든다.

4) 경청과 긍정적 피드백

토의에 참여하는 구성원들은 듣는 사람들이나 참가자들이 자신들의 행위에 어떤 반응을 보이는지 관심을 가진다. 그러므로 미소를 짓는다거나 고개를 끄덕이며 칭찬을 하는 긍정적인 피드백은 구성원들의 토의에 도움이 된다.

▮ 경청과 긍정적 피드백 활동에는 무엇이 포함되는가? ▮

- ○ 토의에 초점 맞추기 / 핵심 아이디어로 되돌아가기
- ○ 구성원들이 참여하도록 격려/ 구성원들의 이름을 불러 주기/역할 할당
- ○ 구성원들이 통제하에 있도록 유지시킴
- ○ 구성원들에게 질문
- ○ 구성원들이 생각할 시간을 제공
- ○ 구성원들이 성취해 온 것을 평가하도록 도움
- ○ 요약 혹은 Handout을 통해 마무리를 제공
- ○ 다음 토의를 구성원들에게 준비시킴

16. 토의 집단의 평가

토의를 **5점**(만점: A)부터 **1점**(최하점: F)까지 주는 경우에 적절한 평가 준거를 제공할 필요가 있다. 다음에서 실제적인 토의 집단 평가의 예를 제공한다.

○ **5점(A등급)**: 훌륭한 토의; 매우 중요한 아이디어를 제기하고, 도입하며, 탐색함; 토의에 참여한 개인이 자신의 아이디어를 적절히 주장하나, 토의 결과는 한 개인이 고려하고 예측한 것보다도 우수함; 모든 집단 구성원은 능동적으로 구성적으로 참여함; 구성원은 다른 사람의 아이디어에 항상 귀를 기울임.

○ **4점(B등급)**: 훌륭한 토의; 5점 토의에 비해 한 가지 혹은 두 가지 요소가 약함.

○ **3점(C등급)**: 평균적인 토의; 토의는 잘 이루어지지만, 5점 토의의 주요한 요소들이 빠짐. 중요한 아이디어를 놓침; 한 명 정도의 구성원은 거의 참여하지 않음; 한 명의 구성원이 토의를 거의 주도함, 토의가 조직화되지 않음.

○ **2점(D등급)**: 빈약한 토의; 5점 토의의 대부분이 빠짐.

○ **1점(F등급)**: 토의에서의 실패; 트의가 신체적인 싸움으로 끝나거나 토의 구성원이 모두 침울하게 앉아 있으며 토의가 끝나기만 기다림.

CHAPTER 10

모의유엔 경험하기

세계지도 또는 구글 어스(Google Earth) 프로그램을 이용하여 사이버 공간 상에서 자신이 관심이 있는 국가를 방문해 보고 지구촌의 의미를 생각해 볼 수 있다. 우리가 살고 있는 지구촌에서 발생하고 있는 여러 가지 문제는 날로 심각해지고 있으며 해결해야 할 과제로 남아 있다(전명남 외, 2008). 지구촌의 문제를 해결하기 위하여 우리나라를 비롯한 세계 여러 나라에서 유엔을 만들어 노력하고 있으며, 여러 회의와 합의를 통해 협약문 또는 의정서(resolution)를 만들어 내기도 한다. 이러한 활동을 통해 기아나 환경오염 같은 문제는 어느 특정 지역만의 문제가 아니라 지구촌 모두의 문제라는 자각을 하게 되며, 문제 해결에 더욱 적극적으로 참여하려는 자세를 가지게 된다.

▮ 유엔(UN) ▮

1946년 붕괴된 국제연맹을 계승한 것으로 유엔 또는 국제연합(UN:United Nations)이라고도 한다. 이 명칭은 미국 대통령 프랭클린 루스벨트(Franklin Delano Roosevelt)가 고안한 것이며, 제2차 세계대전 중 26개국 대표가 모여 추축국에 대항하여 계속 싸울 것을 결의하였던 1942년의 '연합국 선언'에서 처음 사용하였다. 국제연합은 미국·영국·프랑스·중국·소련과 여타 서명국 과반수가 국제연합헌장을 비준한 1945년 10월 24일 공식 출범하였으며, 이후 매년 10월 24일을 국제연합의 날로 기념하고 있다. 본부는 미국 뉴욕 시(市)에 있다. 주요활동은 크게 평화유지활동·군비축소활동·국제협력활동으로 나눌 수 있으며, 주요기구와 전문기구·보조기구로 구성되어 있다. 주요기구에는 총회·안전보장이사회·경제사회이사회·신탁통치이사회·국제사법재판소·사무국이 있다. 전문기구로는 ILO(국제노동기구), FAO(국제연합식량농업기구), UNESCO(국제연합교육과학문화기구), WHO(세계보건기구), IMF(국제통화기금), IBRD(국제부흥개발은행), IFC(국제금융공사), IDA(국제개발협회), ICAO(국제민간항공기구), UPU(만국우편연합), IMO(국제해사기구), WMO(세계기상기구), ITU(국제전기통신연합), WIPO(세계지적소유권기구), IFAD(국제농업개발기금), UNIDO(국제연합공업개발기구)가 있으며 그외에 전문기구는 IAEA(국제원자력기구), WTO(세계무역기구)가 있다.

보조기구로는 국제연합개발계획, 국제연합환경계획, 국제연합난민고등판무관, 국제연합인권 고등판무관, PKO(평화유지활동) 따위가 있다. 2001년 전 국제연합 사무총장 코피 아난과 공동으로 세계평화에 기여한 공로가 인정되어 노벨평화상을 받았다. 2007년 1월 한국인 최초로 반기문 국제연합 사무총장이 취임했다.

(자료출처: 네이버 백과사전)

1. 지구촌과 모의유엔

모의유엔은 유엔의 각국 대사 역할을 맡아 토론과 협상, 결의안 작성 등을 통해 협상 및 발표 능력을 배양하는 활동이다. 모의유엔에서도 유엔에서 하는 일들을 수행하기 위해 다양한 활동들을 수행할 수 있다. 유엔이 전쟁방지와 평화유지를 위해 설립된 국제기구이며 모든 분야의 국제협력을 증진하는 역할을 하므로 이를 활동에 포함시키는 것이 모의유엔이다. 학생들이 주로 참여하는 모의유엔 활동은 총회를 기본으로 열지만, 필요에 따라 유엔의 전문기구 활동을 구체화 시킬 수 있다. 예를 들면, 전문기구인 ILO(국제노동기구), FAO(국제연합식량농업기구), UNESCO(국제연합교육과학문화기구), WHO(세계보건기구), IMF(국제통화기금), IAEA(국제원자력기구), IBRD(국제부흥개발은행), IFC(국제금융공사), IDA(국제개발협회), ICAO(국제민간항공기구), UPU(만국우편연합), IMO(국제해사기구), WMO(세계기상기구), ITU(국제전기통신연합), WTO(세계무역기구), WIPO(세계지적소유권기구), IFAD(국제농업개발기금), UNIDO(국제연합공업개발기구)를 포함시켜 회의를 운영할 수도 있다. 이외에도 주제에 따라 유엔의 보조기구인 국제연합개발계획, 국제연합환경계획, 국제연합난민고등판무관, 국제연합인권 고등판무관, PKO(평화유지활동) 등도 포함시킬 수 있다.

모의유엔에서 대사는 국가를 대표한다. 주로 고등학교와 대학교에서 교육

목적으로 실시하며, 국가적 이해관계가 얽혀 있기에 모의유엔에서의 회의는 절차를 중시한다.

(예제)

Agenda

Motion: Coming up with plans that will help stimulate the process of halving the proportion of people who suffer from hunger to meet the millennium goals.

Agenda : Coming up with plans that will help stimulate the process of halving the proportion of people who suffer from hunger to meet the millennium goals.

Signatories:

Alarmed by high prevelance of malnourished world widely,

Deeply concerned with the slowed or stalled progress of relieving deprivation,

Deeply disturbed of extreme proverty being ignored from efforts to relieve nutrition- deficiency,

Reminding nations of revising the current methods taken into account,

Emphasizing the importance of reaching millennium goal set in work of many nations and with help of many experts, Fully believing the possibility of improvement on reducing the precentages of undernutrition by cooperation between member states,

1. Calls upon nations to organize independent research groups consisting of sociologists, to find out the main reason of malnourished and promote practical practices by publishing data for the United Nations;

2. Encourages NGO' s (non-government organizations) or NPO' s (non-profitable organizations) to cooperate under the UN to provide proper education to two groups of people respectively:
   a) Womens who are lack of information of child- nutrition
   b) One in need of adjusted method of farming

3. Proposes member states to help malnourished in their respective nations by following measures:
   a) asking people to lower the consumption
   b) applaud export of fixed amount of grains to the developing nations suffering from low-nutrition.
   c) inspire of missionaries or voulnteers to go to developing nations and assit them of necessary

4. Authorizes United Nation to build a main institution to provide further needed supplements, for example:
   a) a vitamin consentrated bottle

2. 모의유엔 참가 희망서 제출

모의유엔에 참가하기 위해서 주최기관에 참가 희망서를 제출한다. 일반적으로 주관기관마다 양식에 차이가 있으나 대표가 되고 싶은 나라명과 의제와 관련된 자신의 생각을 적어서 제출하면 된다.

(예제)

Application Form

Motion: Setting guidelines and principles for sustainable cities and green urbanization infrastructure.

1st Preferred Nation (1차 희망)	Singapore
2nd Preferred Nation (2차 희망)	Indonesia
Please express your idea about the Motion	Honorable Chair, Fellow Delegates The Earth is now in the risk. The minority is using up most of the resources that is provided. It will eventually result in global warming and other environmental problems. To prevent miserable result, an international act is detected. Singapore, as a city state, have putted a lot of effort to make a favorable community for both human and environment. To state, Singapore was the host country for the 3rd Annual Sustainable Cities in 2011. Also, Singapre Green Building council, also known as SGBC, have won top awards at Building Construction Authority (BCA) awards ceremony 2012. Green urbanization will definitely be a challenge since it requires well-balanced interrelationship with various field of study and countries. Singapore also receive it as a challenge but also as a chance at the same time. Singapore is willing to make an effort to make our region to become self-sustainable in energy. By considering ecological factors, if possible. Singapore is also willing to make a change in terms of architects. Our nation do recognize the importance and is willing to become a part of international movement for better future. - 중략 - Thank You.

3. 나도 국가 대표

모의유엔에 참가하는 학생들은 하나의 국가를 대표하게 된다. 미국, 중국은 물론 포르투갈, 세네갈 등 전 세계 모든 국가가 그 대상이 된다. 국가 대표인 대사의 역할을 맡는 것이다. 모의유엔에서 우수한 국가 대표들을 뽑아서 상을 주기도 하는데, 흔히 심사 기준은 기조연설문 발표, 공식회의 및 비공식회의의 활동성을 보고 평가한다. 이러한 공식적인 상 이외에도 대회에 따라 비공식적인 상을 만들어 줄 수 있다.

1) 기조연설문 발표

참여하는 사람이 모의유엔의 주요 안건에 대해 대표하는 국가의 입장을 발표하는 것이 '기조연설(keynote speech)' 이다. 기조연설문 발표는 구성, 문안의 내용, 적절한 표현 등을 기준으로 평가한다. 발표할 때의 능력과 태도도 평가하게 된다. 역시 가장 중요한 것은 자국의 입장을 잘 대변할 수 있어야 하는데, 예를 들면 미국의 경우 교토의정서에서 탈퇴했는데, 미국 대표로 나와서 "미국은 교토의정서의 내용을 지지하며 미국을 비롯한 교토의정서 비준국들은 상기 내용을 충실히 따라야 한다고 생각한다."와 같은 발언을 한다면 가차없이 평가점수는 깎여 나갈 것이다(이종현 외, 2011).

(예제)

▮ 기조연설 ▮

인도 대표: Honorable Chair, Fellow Delegates;

The whole world is facing a largest change that humankind has never faced in the past. The Climate Change is it. Due to the large emission of Greenhouse Gases, the climate is changing dynamically, which obviously will cause a regretful result in the future. To prevent this, world-wide effort to fight with Climate Change is being persevered. India recognizes the importance of preserving the environment and the necessity that all nations should diminish their Greenhouse gas emission to achieve it. However, as a developing country, India also understands positions of developing countries. To developing countries, development is the urgent issues. For example, in India , half of the citizens are living without electricity. The situation is not much different in other developing countries. However, even in harsh circumstances like this, India and other developing countries are willing to join the world-wide effort to fight Climate Change and putting our best endeavor in achieving environmental improvement while maintaing high growth rates. Also, India, as a friendly neighbor of Myunmar, is deeply counnected at the current situations in Myunmar and hopes Myannmar to be politically and socially settled and stable in a peaceful way. - 중략 -

2) 공식 회의와 비공식 회의

모의유엔에서 공식 회의와 비공식 회의에서의 평가 기준은 대표국가 입장의 숙지 정도, 논리적 설득력, 교섭 능력 및 목표달성도, 의사규칙과 절차에 대한 이해 및 활용, 참여 태도 및 예절의 다섯 부분으로 나누어 평가를 진행한다. 공식회의 이외에도 실제 유엔 회의에서는 95%가 비공식 회의로 진행된다(이종현 외, 2011). 대표국가 입장의 숙지도는 기조연설문이나 공식적·비공식적 회의 등에서 대표하는 나라의 입장을 얼마나 잘 알고 있는지를 가리킨다. 또한 처음부터 마지막까지 계속되는 토의나 기본 입장이 일치하는 여부, 대표하는 국가의 입장이 다른 국가 대표들과 조정하고 합의를 도출하는 과정 등을 중심으로 각각을 평가한다.

4. 주요 절차 및 내용

유엔 총회는 1차 본회의(Plenary Session)를 시작으로 각 의제별로 몇 개의 위원회로 나눠 회의를 진행한다. 마지막날에는 각 위원회의 결의문들을 한데 모아 최종 2차 본회의를 개최한다.

〈표 10-1〉 유엔 총회 진행 과정

1차 본회의	위원회	2차 본회의
• 회기의 개시(opening of the session) • 묵념/묵상 • 신임장위원회 위원의 임명 • 임원 선출(election of officers): 본회의 의장, 위원회 의장, 본회의 부의장 • 의제의 채택(adoption of the agenda) • 사무총장의 기조연설 • 회원국의 기조연설(일반토의: General Debate) • 유엔 주요 기관의 보고	• 의장단 선출(Election of the Bureau): 부의장(Vice-Chair) 2인, 보고관(Rapporteur) 1인 • 업무편성(Organization of Work) • 회원국의 기조연설(일반토의: General Debate) • 의제항목별 토의(의제항목별 발언) • 실무서(Working Paper) 결의안(Draft Resolution)의 비공식 논의 • 공식 결의안의 제출과 배포	• 보고관의 위원회 보고서안 보고 • 보고서안 토론 • 일반진술, 논평, 투표 설명(채택 직전) • 채택과 채택 선언 • 폐회식

1차 본회의	위원회	2차 본회의
	• 결의안 상정(Introduction of Draft Resolution) • 결의안의 공식 토의 • 결의안의 협상을 위한 비공식 회의 • 결의안의 채택(Action on Draft Resolution) • 보고서안(Draft Report)의 채택	

1) 위원회

위원회(committee)는 실제 UN의 산하기관인 총회(General Assembly) 이외에도 안전보장이사회(Security Council), 유엔환경계획(United Nations Environment Programme), 경제사회이사회(Economic and Social Council) 등을 정하여 각 분과위원회별로 주제를 정하여 진행해 나간다. 때로는 참여자들의 관심이나 필요에 따라 Model WHO, Model UNESCO 와 같이 독립된 대회로 떼어서 행사를 진행하기도 한다.

(예제)

콩고 대표: Honorable Chair, Fellow Delegates;

The latest Millennium Development Goals (MDGs) Progress Report indicates that less than a third of people in Bangladesh now live below the national poverty line, a reduction attained in as little as a decade. New research has shown that women have been the centerpiece of this impressive human development turnaround. As women emerge from endemic poverty, they prioritise their children' s education and nutrition over most other spending.
"Bangladesh' s poverty reduction is an achievement on a massive scale? that no one would have believed was possible ten years ago," says economist Qazi Kholiquzzaman Ahmad. "Successive governments have focused on creating employment and growth in the rural economy; and the participation of women

in the labor force through opportunities created by the Government as well as non-governmental organizations has been an important element of this success."

The food problem is one of the big issues causing international crisis. Especially, the food crisis is deep in Middle Africa, southern part of the Sahara Desert. Korea has started to help agricultural development of the developing countries. Since 2009, Rural Development Administration(RDA) has established the KOPIA(Korea Project on International Agriculture) Center in 15 countries of Asia, Africa and South America. This study aims to introduce the process of establishment and development of KOPIA Center for agricultural research in Democratic Republic of the Congo. D.R. Congo has relatively vast land resource and development potential, but they are very poor and deficient in food supply. D.R. Congo is interested in agricultural development. It needs high technology and capital investment from Korea. KOPIA Center in D.R. Congo was established at the University of Kinshasa(UNIKIN). UNIKIN does not have enough facilities for research to develop agricultural technology. Therefore, we started to build the farm land and other facilities for research at mountain area in the UNIKIN campus. The research subjects were selected to maize and potato among food crops, and tomato and cucumber among vegetables. The subjects to develop the agricultural cooperation project between Korea and D.R. Congo are as follows; it is necessary to recognize that the agricultural technology aid for developing countries is one of the national concerns. It is also necessary to develop the technology suitable to the country, and to develop the human resource for foreign agriculture development. This project is important to strengthen the potential of overseas food production base for Korea. - 중략 -

2) 발언과 의사규칙

발언은 의장의 허락을 받아 수행한다. 발언권은 국가대표단에게 주어지며, 1인 이상의 발언도 가능하다. 모의유엔의 일반적인 방식은 발언자 명부(Speaker' s List)에 따라 국가별로 발언한다. 회의에서는 원활한 진행을 위해 발언 횟수나 시간을 제한할 수 있다. 한편, 반론권(Right of Reply; ROR)은 참여국가 대표가 반론을 제기할 수 있는 권리이다. ROR은 의장에게 서면 요청이 가능하다. 의장이 반론권을 주지 않으면 재결을 요청할 수 있고, 회의 참석 국가의 2분의 1 이상의 찬성표를 얻으면 의장의 결정을 번복할 수 있다. 반론은 2회까지 가능하다.

모의유엔에서는 유엔총회의 의사규칙(ROP: Rules of Procedure)을 익힐 수 있다. 의사표현 방법에는 불참과 참가(투표에서는 찬성, 반대, 기권)가 있다. 총회의 경우 정족수(Quorum)는 회원국의 3분의 1 이상, 위원회의 경우에는 회원국의 4분의 1 이상으로 정하고 있다. 의결 정족수는 본회의와 위원회 모두 회원국의 2분의 1 이상이다.

또한 의사규칙 위반 지적(Point of Order)은 발언 중에 가능하며 의장은 의사규칙을 위반했다는 지적이 있는 경우 즉시 판결해야 한다. 참가 대표가 의장의 판결에 대해 재결을 요구하는 경우에는 토론 없이 즉시 표결에 부친다. 즉시 표결에서 참여 국가의 2분의 1 이상이 찬성하지 않으면 의장의 판결은 유효하다. 토의의 연기(Adjournment of Debate)와 토의의 종료(Closure of Debate) 역시 정해진 절차에 따른다. 회합 자체의 잠정 중지(Suspension of the Meeting)와 회합의 연기(Adjournment of the Meeting)도 요청할 수 있다. 회원국 2분의 1 이상의 찬성이 있으면 통과된다.

3) 주요 용어

Roll Call	의장이 알파벳 순서로 국가 대사를 부름. 해당 국가의 이름을 들으면 대표들은 "present"나 "present and voting"으로 답함. (의장의 편의를 위해 플래카드를 높이 들어서 대답)
General Debate	발표자 명단 순서대로 일정 시간 동안 발표. 각국 대표는 단상에 나와서 의제와 관련된 어떤 주제에 대해서든 발표할 수 있음. 발언 시간이 남으면, 대사들은 4가지 방법으로 시간 활용 ① 의장에게 넘김(더 이상의 행동 없이 좌석으로 돌아가길 원함을 의미) ② 다른 대사에게 넘김 ③ POI(point of information)를 던짐 ④ Comment를 남김.

Comments	단상에 있는 발표자가 comment를 허용하는 경우, 의장은 최대 두 명의 대사에게 15초를 주어 커맨트 하도록 함.
Speakers List	발언자 명단은 general debate가 시작되는 동시에 작성됨. 회의 시작 후 의장은 단상에 나오기를 희망하는 대사들에게 플래카드를 높이 들도록 요구하고, 플래카드를 든 대사들의 국가 이름을 순서대로 기록함. 의장에게 선택되지 못한 대사들은 의장에게 note를 보내 발표자 명단에 추가해 달라고 요구할 수 있음.
Moderated Debate	moderated debate 시에는 발언자가 단상으로 나올 필요가 없음. 플래카드를 들어 발언을 원한다는 의사를 표명하면 의장이 지목. 선택된 경우 의사 전달함. 최대 15분 동안 진행.
Unmoderated Caucus	회의 중 자유롭게 이동하고 말할 수 있는 비공식적 회의. 최대 20분 동안 진행. 이 시간 동안 대표들은 먼저 발표한 다른 대표들의 의견에 대해 토의할 수 있고 또는 다른 대표들로부터 자신의 결의안을 발표하기 위한 서명을 받을 수 있음.
Voting Procedures	투표 절차에서 대표들은 ① yes ② yes with rights ③ no ④ no with rights ⑤ abstain ⑥ pass 에 투표할 수 있음. 2번 투표로 진행함. 두 번째 투표는 첫 번째 투표에서 pass를 대답한 대표에 한해 진행함. 투표 중에 회의장은 봉쇄되고 모든 note-passing은 일시적으로 허용 안 됨. *Yes/No with rights 처음에는 결의안에 찬성했다가 찬성/반대로 마음을 바꿨음을 의미. 이들은 투표 절차가 끝난 후 단상에 나와서 변경의 이유를 설명함.

5. 결의안과 결의문

결의안(Draft Resolution)은 안건에 대한 해결책과 정당성을 명시하는 결의문의 초안이다.

(예시)

▌결의안(Draft Resolution)▐

Agenda:
Topic: Political situation in Myanmar
Submitte: India

The General Assembly,

Recognizing Myanmar as a close and friendly neighbor of India and developments in Myanmar have bearing on India,
Deeply concerned at the chaotic political and social situation in Myanmar and have been monitoring it closely,
Guided by the Prime Minister of India's meeting with Prime Minister of Myanmar held on November 21, 2007,

1. Hopes democracy to be fully settled in Myanmar;
2. Expresses grave concern at military forces in Myanmar, attacking innocent citizens and monks;
3. Expresses its further hope that process of national reconciliation and political reform in Myanmar to be done expeditiously;
4. Supports the efforts of the UN Special Envoy to engage the Government of Myanmar on behalf of the international community to facilitate the process of reconciliation;
5. Calls upon the Government of Myanmar to put an effort in putting and end to the military operations targeting civilians in the ethnic areas;
6. Apprehends the absence of advance toward genuine democratic reform, including the measures hindering representatives of the National League for Democracy and other political parties from participating in an effective and meaningful manner in the National Convention;
7. Suggests that reform process should be broad based, including Daw Aung San Suu Kyi and the various ethnic nationalities;
8. Also hopes all issues in Myanmar to to be resolved peacefully through dialogue.

결의문(Resolution)은 여러 결의안들을 모아 대표단의 합의에 의해 최종적으로 확정하는 회의의 최종 결과물이다. 다음은 결의문의 구성요소가 포함된 예시이다.

(예시)

▮ 결의문(Resolution) ▮

Agenda: Resolution on the Non-Proliferation Treaty.
(Chapter 1)
Signatories: Republic of South Africa, Bangladesh, Argentina, Brazil, Germany, France

Defining "rogue" states as any Member States who have not signged the Nuclear Non-Proliferation Treat,
Viewing with appreciation that the Nuclear Non-Proliferation Treat(NPT) of July 1st 1968 is currently the most successful initiative to stop the spread of nuclear arms,
Noting with concern tat there are still states that have decided not to sign and ratify the NPT,
Understanding that each state that has not signed the NPT has specific and different reasons for doing so, and must be worked with on an individual basis to get them to sign.
Noting with appreciation the 190 states worldwide that have rarified the NPT, with those who already possess nuclear power promising neither to use nor transport it, and those who do not posses nuclear power promising neither to obtain nor produce it,
Approving the legitimacy and actions of the International Atomic Energy Agency(IAEA), in identifying and working in collaboration with the states that do not comply with the NPT,
Deeply concerned that nuclear terrorism is a growing threat that greatly endangers public health and security in regions such as the Middle East;

1. Encourages all Member States that have not already done so to sign and ratify the NPT, as wll as the Additional Protocols and the Convention on the

Physical Protection of Nuclear Materials;

2. Calls upon all member states to continue their support of the regulations concerning the creation, disarmament, safekeeping, and sale and secure transfer nuclear weapons placed into effect by the NPT.

- 중략 -

(출처: Williams, D. L, & Stein, I. (2007))

(예시)

▮ 여러 가지 국제환경협약 ▮

▶국제환경협약 [國際環境協約, International Convention on Environment]

환경과 관련하여 국가 간에 서로 협의한 뒤 맺는 약정. 우루과이 라운드 이후 그린 라운드가 새로운 무역규제 장벽으로 등장하면서 국제환경협약에 대한 관심이 높아지고 있다. 1933년부터 1990년에 이르기까지 체결된 국제환경협약은 150여 개에 달하며 모든 협약이 무역규제 조항을 담고 있는 것은 아니다. 특히 1992년에 열린 리우회의를 전후해 빠르게 진행되고 있다. 지금 국제적 영향력이 큰 환경협약으로 한국이 가입한 협약은 바젤협약, 몬트리올의정서, 기후변화 방지협약, 생물다양성보존협약, 런던협약 등이다.

○ **바젤협약**: 국제적으로 문제가 되는 유해 폐기물의 수출입과 그 처리를 규제하려는 목적으로 1981년 제9차 국제연합환경계획 총회에서 다루어진 이래 여러 차례의 회의를 거쳐 1989년 3월 스위스 바젤에서 제정된 협약이다. 이 협약은 1992년부터 발효되었다.

○ **몬트리올의정서**: 오존층 파괴 물질인 염화불화탄소(CFCs; 프레온 가스)의 생산과 사용을 규제하려는 목적에서 제정한 협약이다. 이 협약은 1989년 1월에 발효되었으며, 한국은 1992년 5월에 가입하였다. 이에 따라 염화불화탄소와 같은 규제 물질을 포함한 냉장고나 에어컨 등의 제품은 1992년 5월 이후 비가입국으로부터 수입할 수 없게 되었다.

○ **기후변화 방지협약**: 지구 온난화를 일으키는 온실 기체 배출량을 억제하기 위한 협약이다. 지구온난화를 일으키는 온실 기체는 탄산가스, 메탄, 이산화질소, 염화불화탄소 등 여러 가지 물질이 있다. 이 협약은 1992년 6월 리우회의에서 채택되어 1994년 3월부터 발효되었다.

○ **런던협약**: 폐기물의 해양투기로 인한 해양오염을 방지하기 위한 국제협약이다. 1972년에 채택되어 1975년부터 발효되었고, 한국은 1992년에 가입했는데 1994년부터 가입국으로서 효력이 발생했다. 런던협약은 유럽 북해가 각국의 폐기물 투기로 오염이 심해짐에 따라 1972년 2월 유럽 국가들이 모여 체결한 오슬로협약이 그 모체이다.

(예시)

교토의정서

교토 프로토콜이라고도 한다. 지구온난화 규제 및 방지의 국제협약인 기후변화협약의 구체적 이행 방안으로, 선진국의 온실가스 감축 목표치를 규정하였다. 1997년 12월 일본 교토에서 개최된 기후변화협약 제3차 당사국총회에서 채택되었다.

1995년 3월 독일 베를린에서 개최된 기후변화협약 제1차 당사국총회에서 협약의 구체적 이행을 위한 방안으로서, 2000년 이후의 온실가스 감축 목표에 관한 의정서를 1997년 제3차 당사국총회에서 채택키로 하는 베를린 위임사항(Berlin Mandate)을 채택함에 따라 1997년 12월 제3차 당사국총회에서 최종적으로 채택되었다. 의정서가 채택되기까지는 온실가스의 감축 목표와 감축 일정, 개발도상국의 참여 문제로 선진국 간, 선진국·개발도상국 간의 의견 차이로 심한 대립을 겪기도 했지만, 2005년 2월 16일 공식 발효되었다.

의무이행 대상국은 오스트레일리아, 캐나다, 미국, 일본, 유럽연합(EU) 회원국 등 총 38개국이며, 각국은 2008~2012년 사이에 온실가스 총배출량을 1990년 수준보다 평균 5.2% 감축하여야 한다. 각국의 감축 목표량은 -8~+10%로 차별화하였고, 1990년 이후의 토지 이용 변화와 산림에 의한 온실가스 제거를 의무이행 당사국의 감축량에 포함하도록 하였다. 그 예로 유럽연합 -8%, 일본 -6% 의 온실가스를 2012년까지 줄여야 한다. 감축대상 가스는 이산화탄소(CO), 메탄(CH), 아산화질소(NO), 불화탄소(PFC), 수소화불화탄소(HFC), 불화유황(SF6) 등의 여섯 가지이다. 당사국은 온실가스 감축을 위한 정책과 조치를 취해야 하며, 그 분야는 에너지효율 향상, 온실가스의 흡수원 및 저장원 보호, 신·재생에너지 개발·연구 등도 포함된다. 의무이행 당사국의 감축 이행 시 신축성을 허용하기 위하여 배출권거래(Emission Trading), 공동이행(Joint Implementation), 청정개발체제(Clean Development Mechanism) 등의 제도를 도입하였으며, 1998년 11월 부에노스아이레스에서 개최된 제4차 당사국총회에서는 신축적인 제도운용과 관련한 작업을 2000년까지 완료한다는 부에노스아이레스 행동계획(Buenos Aires Plan of Action)이 채택되었다.

한국은 제3차 당사국총회에서 기후변화 협약상 개발도상국으로 분류되어 의무대상국에서 제외되었으나, 몇몇 선진국들은 감축목표 합의를 명분으로 한국·멕시코 등이 선진국과 같이 2008년부터 자발적인 의무부담을 할 것을 요구하였고, 제4차 당사국총회 기간에 아르헨티나 카자흐스탄 등의 일부 개발도상국은 자발적으로 의무를 부담할 것을 선언하였다.

2013년~2017년 의무대상국이 개발도상국에 집중되기 때문에 5월부터 개최되는 대상국 확대협의에서 한국도 동참을 요구받을 것으로 예상된다. 2002년 IEA(국제에너지기구)의 통계에 따르면 한국의 연간 이산화탄소 배출량은 2000년을 기준으로 했을 때 4억 3,400만 톤으로 세계 9위이며, 세계 전체 배출량의 1.8%를 차지한 것으로 나타났다. 더욱이 1990년 이후 배출량 증가가 85.4%로 나타나 세계 최고의 증가세를 기록하고 있기 때문에 의무대상국으로 분류될 가능성이 높다.

미국은 전 세계 이산화탄소 배출량의 28%를 차지하고 있지만, 자국의 산업보호를 위해 2001년 3월 탈퇴하였다.

CHAPTER 11

리더십과 셀프 리더십

리더십(leadership)이란 무엇인가? 리더십은 일정 상황에서 목표를 달성하기 위해 개인 또는 집단 행동에 영향력을 행사하는 특성 또는 과정이다. 주로 리더십은 특성 또는 과정의 두 가지 관점에서 볼 수 있다. "그는 리더로 태어났다", "그녀는 타고난 리더이다"라는 말을 하는 경우가 있다. 이러한 조망은 리더십의 정의를 하나의 특성(trait)으로 보는 경우에 해당된다. 특성으로 보는 접근에서 리더는 따르는 사람인 팔로어(Followers)에 비해 신체적 용모를 갖추고 있고, 지적이며, 외향적이고 매사에 유창하며 다른 기타 특성을 지닌 것으로 본다(Kotter, 1990). 리더십을 과정(process)으로 보는 접근에서는 리더와 팔로어 간에 상호작용하는 맥락에 존재하는 하나의 상황으로 규정한다. 하나의 과정으로서 리더십은 리더의 행동에서 관찰되며(Jago, 1982) 학습되어질 수 있다. 리더십은 정의하기 어려운 개념이다. 1910년부터 1990년까지 이루어진 리더십 연구 가운데 60%가 정확한 리더십 정의를 하지 않고 있다고 로스트(Rost, 1993)는 말하고 있다.

베니스(Bennis, 1989)는 리더(leader)와 관리자(manager)를 구분짓고 있다. 리더는 변혁적이지만 관리자는 행정적이다. 리더는 영감을 주지만 관리자는 통제하려 한다. 리더는 장기적으로 보지만 관리자는 단기적으로 본다. 리더는 '무엇을'과 '왜'를 묻는데, 관리자는 '어떻게'와 '언제'를 묻는다고 제안한 바 있다.

리더는 방향을 정하며, 조직이 가야 할 비전과 그 비전을 성취하기 위한 변화 전략을 개발한다. 사람들의 방향을 정해주고 의사소통하며 기여 체계를 구축한다. 사람들에게 요구, 가치, 정서를 도출하여 이 비전을 성취하게 하고, 활동할 수 있도록 영감을 준다(Kotter,1990).

한편 코펜하겐 비즈니스 스쿨의 커크비(Kirkeby, 2008)는 리더가 갖추어야 할 덕목을 제안하기 전에 그리스 철학자들이 만든 '그리스 스퀘어(the Greek Square)' 를 제시하였다. 이 정방형에서 각 모서리에는 선(The Good), 정의(The Just), 진실(The True), 미(The Beautiful)가 위치해 있고 한가운데에 자유(Freedom)가 위치해 있다. 리더가 추구하고 있는 방향이 잘 나와 있다.

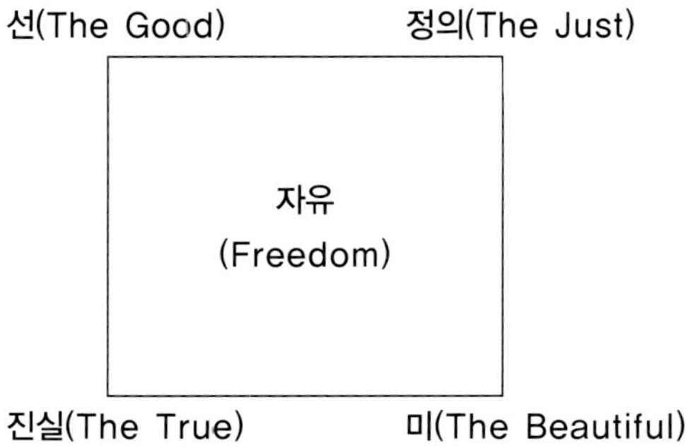

[그림 11-1] **그리스 스퀘어**

커크비(Kirkeby, 2008)는 리더십의 12가지 덕목을 제안하고 있다. 첫 번째 덕목은 '지역사회를 섬기는 사람이 돼라' 는 것이다. 속한 사회를 섬기며, 치료자가 되며, 돌보는 사람이 된다는 뜻이다. 두 번째 덕목은 '자율성' 이다. 사람들의 마음을 명료하게 만들고, 독립적이면서도 통합되도록 하는 것이다. 사람들이 자신의 일을 하는 데 책임감을 가지고 하는 덕목에 해당된다. 세 번째 덕목은 '평등' 이다. 관용을 가리키며, 법의 정신에 충실하고 정직과 신뢰성의 태도를 보여 주는 것이다. 네 번째 덕목은 '실제적 지혜' 이다. 리더는 심리적 통찰과 상황의 실제적 감각과 실제 훈련된 행동 간에 균형을 이룰 수 있어야 한다. 지혜는 현실적인 것과 추상화된 것 사이에 다리를 놓으며, 존경의 표현이다. 리더십의 다섯 번째 덕목은 '판단' 이다. 판단은 지역사회에 대한 포괄적인 감각이며 내적 및 외적으로 생기는 갈등을 예상하고 조정하는 것이다. 여섯 번째 덕목은 '산파' 의 역할이다. 일찍이 소크라테스는 산파의 역할을 제안한 바 있다. 지적인 공감을 하는 것이다. 일곱 번째 덕목은 '시간 감각과 순간을 휘어잡을 수 있는 능력' 이다. 때를 놓치지 않고 적절한 조치를 취할 수 있는 그리스어의 통치(kaiaros)에 해당되는 덕목이다. 여덟 번째 덕목은 '즉각적 통찰' 이다. 직관이라고도 부르며, 전제를 빠뜨리지 않고 공포감이나 두려움 없이 추론을 해내는 것이다. 아홉 번째 덕목은 '행복' 이다. 긍정적인 감각과는 다른 실재감으로 자유의 손실 없이 열정을 쏟아낼 수 있는 덕목이다. 태도 면에서는 희망에 가까운 용어이다. 열 번째 덕목은 '명확한 표현' 이다. 메시지를 잘 조직하여 전달하고 이해시킬 수 있는 능력이다. 열한 번째 덕목은 '조직하는 것을 이해하는 것' 이다. 리더가 흐름 속에 있으면서 새로운 조직이나 혁신의 형태를 찾아내고 판단할 수 있는 것을 가리킨다. 마지막 열두 번째 리더십의 덕목은 '조직의 정신을 만질 수 있는 것과 같이 생동성 있게 만드는 것' 이다. 미리 걸으면서 무언가가 있는지 살펴야 한다. 위에서 제시했던 그리스 스퀘어의 문을 통과해서 걸어나가면서 찾아낸다.

리더십의 핵심으로 VIM 모델이 제안되고 있다. VIM 모델은 비전(Vision), 인스피레이션(Inspiration), 힘(Momentum)의 3가지 조합을 말한다. 비전은 조직이 되어야 하는 것이나 목적지를 향한 통로에 대한 긍정적인 이미지를 가리킨다. 인스피레이션은 조직을 구성하고 있는 개개인 안에서 사람들이 행동하도록 움직이게 만드는 것이다. 힘은 조직 프로젝트나 시도들이 그 목적지를 향해 갈 수 있도록 하는 것을 가리킨다(Landsberg, 2000).

1. 리더십과 셀프 리더십

리더십(leadership)은 20세기 이후에 와서 체계적으로 연구되기 시작하였다. 1970년대에는 리더십을 조직의 목표 달성을 위한 리더-추종자의 관계적 측면으로 보았으며(Stogdill, 1974; Burns, 1978), 그 후 20년 뒤에는 리더십을 개인의 학습과 실천을 통하여 개발될 수 있는 측면에서 보았다(van Linden & Fertman, 1998). 최근에는 리더십에 대한 관점을 종합하여 리더십을 전통적 입장과 현대적 입장으로 구분하고 있다(신용섭, 2004). 전통적 입장에서 본 리더십은 리더가 조직의 목표를 달성하기 위하여 구성원들을 동기화시키고 그들에게 영향력을 행사하는 과정이다. 이처럼 전통적 입장에서는 리더가 조직 성패의 결정적인 열쇠를 쥐고 있다고 보았기 때문에 리더십의 상징적 표현은 '나를 따르라(follow me)' 이다. 반면 현대적 입장에서 본 리더십은 오히려 구성원들에게 초점을 맞추고 있다. 현대적 입장의 리더십은 구성원들을 자유, 평등, 자아실현과 같은 고차원적 동기를 갖는 존재로 보고, 그들로 하여금 고차원적 욕구를 충족시키고, 자아실현을 도모하여, 스스로 일을 찾아 보람을 느끼면서 동시에 집단의 목표를 달성할 수 있도록 하는 것에 관심을 가지고 있다. 그러므로 현대적 입장에서 본 리더십은 "함께 가자(Let' s go together)" 이다(김민정, 2007).

한편, 셀프 리더십은 조직 구성원 자신을 스스로 관리하여 이끌어 가는 리더십에 대한 이론이다. 리더십이 개인의 마음의 습관이 되는 것을 가리킨다(Mackoff & Wenet, 2000). 구성원 각자가 자신에게 스스로 동기부여를 하기 위해 자신에게 영향력을 행사하는 과정이다(Neck 등, 1995). '나를 따르라' 와 같은 식의 리더십이 아니라 '자율적으로 하라' 는 식의 리더십이다(조의제, 2002). 지시, 명령, 통제, 보상, 처벌 등에 의해 발휘되는 전통적인 리더십보다는 자기 스스로 성취목표를 설정하고 그 목표 달성에 대한 보상을 스스로 정한다거나, 목표를 이루지 못했을 경우 자아비판이나 처벌을 하는 등의 자율성을 일컫는 것

(박성민, 2002)이다. 즉, 자기관찰을 하고 스스로 목표 설정을 하며 과업 수행에 대해 자기강화를 하고, 자연보상에 근거한 열정을 가지며 스스로 문제해결, 직무 할당, 과업계획을 하고 비전을 창출하는 것 등의 리더십을 가리킨다.

셀프 리더십은 Manz(1986)에 의해 행동적 전략과 인지적 전략으로 제시되었으나, 이후 인지적 전략 개념이 구성적 사고 전략과 자연적 보상 전략으로 세분화되었다. 셀프 리더십에는 총 9개 요인 혹은 전략이 포함된다. 행동 중심 전략은 '자기보상', '자기관찰', '자기단서', '자기목표설정', '자기처벌'이며, 자연적 보상 전략은 '자연적 보상'의 단일 요인으로 구성되어 있고, 구성적 사고 전략의 경우 '자기대화', '신념과 가정 분석', '성공적인 수행 상상하기'이다(한영석 외, 2010).

워런 버핏이 말하는 성공

세계에서 손꼽히는 부자인 워런 버핏(Warren Buffett)은 성공을 균형 잡힌 삶에 두고 있다. "일하지 않고 살 수 있는 재산을 아이들에게 물려주는 것은 반사회적인 일"이라고 말한 그는 일만 열심히 하는 것이 아니라 성공적인 삶을 스스로 실천하고 있다. 그가 말하는 성공의 잣대는 다음과 같다.

- ○ 정직성과 직업윤리
- ○ 성실성, 열정, 지적 능력
- ○ 자신의 개인적 명성
- ○ 규율과 노력
- ○ 남들을 존중하는 태도
- ○ 좋은 습관과 유머감각 유지
- ○ 일을 즐기는 사람들을 자신의 주위에 두기
- ○ 자신의 성공이 행운 탓이라고 생각하기
- ○ 자신의 취미에 시간을 투자하기
- ○ 평생을 가는 우정을 쌓기
- ○ 사회에 공헌할 수 있는 자녀를 양육하는 일
- ○ 사회에 재산 환원을 할 수 있는 지위에 있는 것

2. 비전 세우기와 자기주도성 개발

비전(vision)은 현재 보이지 않지만 마음 속으로 그려서 내다보이는 장래의 상황을 가리킨다. '이상', '전망'과 같은 말로 쓰이는 용어이다. 미래에 이루어질 일을 미리 바라보는 것이다. 비전은 꿈이나 희망 또는 목표를 가지는 것 이상의 것이다. 비전이란 새로운 세상과 미래에 대해 열정을 품고 그 꿈과 목표를 향해 움직이는 것이다(김미숙 외, 2007). 리더들의 공통점은 비전을 세우고 자기주도성을 개발하여 활동해 나가는 것이다. '비전이 없다', '비전이 불투명하다'는 것은 미래에 대한 그림을 가지지 못한 것이며, 과거·현재·미래에 대한 조망을 갖지 못하고 있는 것이고, 마음의 불을 지피지 않고 있는 것이다.

1) 존 고다드의 꿈 목록과 성취

존 고다드(John Goddard)의 꿈 목록(Life List)과 성취

꿈 목록과 성취 관련 내용이 1972년 「라이프」 잡지에 게재되었다.

청소년기의 고다드는 친구의 죽음을 경험하게 되었으며, 또한 자신의 할머니와 숙모가 말씀하시는 것을 엿듣게 된다. "이것을 내가 젊었을 때 했더라면…".

17세의 고다드는 자신의 삶에서 행하기를 원하는 것이 무엇인지 결정하고 127가지의 목표들을 쓰게 되었고, 쓴 목표를 달성하기 위해 노력했다.

결과적으로, 몇 가지를 제외한 목표들 대부분을 달성하는 놀라운 결과를 보였다.

○ 탐험할 장소

1. 이집트의 나일 강
2. 남미의 아마존 강
3. 아프리카 중부의 콩고 강
4. 미국 서부의 콜로라도 강
5. 중국 양쯔 강
6. 서아프리카 니제르 강
7. 베네수엘라의 오니노코 강
8. 니카라과의 리오코코 강

○ 원시 문화 답사

9. 중앙아프리카의 콩고
10. 뉴기니 섬
11. 브라질
12. 인도네시아 보르네오 섬
13. 북아프리카 수단(존 고다드는 이곳에서 모래 폭풍을 만나 산 채로 매장당할 뻔 했음)
14. 호주 원주민들의 문화
15. 아프리카 케냐
16. 필리핀
17. 탕가니카(현재의 탄자니아)
18. 에티오피아
19. 서아프리카 나이지리아
20. 알래스카

○ 등반할 산

21. 에베레스트 산(8,848m)
22. 아르헨티나의 아곤카과 산(안데스 산맥 중의 최고봉)
23. 매킨리 봉(알래스카에 있는 북미대륙 최고봉, 6,194m)
24. 페루의 후아스카란 봉
25. 킬리만자로 산(탄자니아에 있는 아프리카 최고봉)
26. 터키의 아라라트 산(노아의 방주가 닿은 곳이라고 알려진, 이란과 러시아 국경 부근에 있는 화산)
27. 케냐 산(동아프리카에 있는 산)
28. 뉴질랜드의 쿠크 산
29. 멕시코의 포포카테페틀 산
30. 마터호른 산(알프스의 고산)
31. 라이너 산
32. 일본의 후지 산
33. 베수비오스 산(이탈리아 나폴리 만 동쪽의 활화산)
34. 자바 섬의 브로모 산
35. 그랜드 테튼 산
36. 캘리포니아의 볼디 산

○ 배워야 할 것들

37. 의료 활동과 탐험 분야에서 많은 경력을 쌓을 것(현재까지 원시 부족들 사이에 전해져 오는 다양한 치료 요법과 약품을 배웠음)
38. 나바호족과 호피족 인디언에 대해 배울 것
39. 비행기 조종술 배우기
40. 로즈 퍼레이드(캘리포니아에서 해마다 5월에 열리는 장미축제 행렬)에서 말타기

○ 사진 촬영

41. 브라질 이과수 폭포
42. 로데시아의 빅토리아 폭포(이 과정에서 존 고다드는 아프리카 흑멧돼지에게 쫓김을 당했음)
43. 뉴질랜드의 서덜랜드 폭포
44. 미국 서부 요세미티 폭포
45. 나이아가라 폭포
46. 마르코 폴로와 알렉산더 대왕의 원정길 되짚어 가기

○ 수중탐험

47. 미국 남부 플로리다의 산호 암초 지대
48. 호주의 그레이트 배리어 대암초 지대(이곳에서 존은 135kg의 대합조개 촬영에 성공했음)
49. 홍해
50. 피지 군도
51. 바하마 군도
52. 오케페노키 늪지대와 에버글레이즈(플로리다 주 남부 습지대) 탐험

○ 여행할 장소

53. 북극과 남극
54. 중국 만리장성
55. 파나마 운하와 수에즈 운하
56. 이스터 섬(거석문명의 섬)
57. 바티칸 시(이때 존 고다드는 교황을 만났음)
58. 갈라파고스 군도(태평양상의 적도 바로 아래의 화산섬)
59. 인도의 타지마할 묘
60. 피사의 사탑
61. 프랑스의 에펠탑
62. 블루 그로토
63. 런던 탑
64. 호주의 아이어 암벽 등반
65. 멕시코 치첸이차의 성스런 우물
66. 요르단 강을 따라 갈릴리 해에서 사해로 건너가기

○ 수영해 볼 장소

67. 중미의 니카라과 호수
68. 빅토리아 호수(중부 아프리카에 있는 세계에서 두 번째로 큰 호수)
69. 슈피리어 호수(북미 오대호의 하나)
70. 탕카니카 호수(아프리카 중동부)
71. 남미의 티티카카 호수

○ 해낼 일들

72. 독수리 스카우트 단원 되기
73. 잠수함 타기
74. 항공모함에서 비행기를 조종해서 이착륙하기
75. 전 세계의 모든 국가들을 한 번씩 방문할 것(현재 30개 나라가 남았음)
76. 소형 비행선, 열기구, 글라이더 타기
77. 코끼리, 낙타, 타조, 야생말 타기
78. 4.5kg의 바닷가재와 25cm의 전복 채취하기
79. 스킨 다이빙으로 12m 해저로 내려가서 2분 30초 동안 호흡을 참고 있기
80. 1분에 50자 타자하기
81. 플루트와 바이올린 연주
82. 낙하산 타고 뛰어내리기
83. 스키와 수상스키 배우기
84. 복음 전도 사업 참여
85. 탐험가 존 뮤어의 탐험길을 따라 여행할 것
86. 원시부족의 의약품을 공부해 유용한 것들 가져오기
87. 코끼리, 사자, 코뿔소, 케이프 버팔로(남아프리카 들소), 고래를 촬영할 것
88. 검도 배우기
89. 동양의 지압술 배우기
90. 대학교에서 강의하기
91. 해저 세계 탐험하기
92. 타잔 영화에 출연하기(이것은 이제 시대에 뒤떨어진 소년 시절의 꿈이 되었다)
93. 말, 침팬지, 치타, 오셀롯(표범 비슷한 시라소니), 코요테를 키워 볼 것(아직 침팬지와 치타가 남았음)
94. 발리 섬의 장례의식 참관
95. 아마추어 햄 무선국의 회원이 될 것

96. 자기 소유의 천체망원경 세우기
97. 저서 한 권 갖기(나일 강 여행에 관한 책을 출판했음)
98. 내셔널 지오그래픽 지에 기사 싣기
99. 몸무게 80kg 유지(현재까지 잘 유지하고 있음)
100. 윗몸일으키기 200회, 턱걸이 20회 유지
101. 프랑스어, 스페인어, 그리고 아랍어를 배울 것
102. 코모도 섬에 가서 날아다니는 도마뱀의 생태를 연구할 것(섬에 접근하다가 20마일 해상에서 보트가 뒤집히는 바람에 실패했음)
103. 높이뛰기 1m 50cm
104. 넓이뛰기 4m 50cm
105. 1마일을 5분에 주파하기
106. 덴마크에 있는 소렌슨 외할아버지의 출생지 방문
107. 영국에 있는 고다드 할아버지의 출생지 방문
108. 선원 자격으로 화물선에 승선할 것
109. 브리태니커 백과사전 전권 읽기(현재까지 각 권의 대부분을 읽었음)
110. 성경을 앞장에서 뒷장까지 통독하기
111. 셰익스피어, 플라톤, 아리스토텔레스, 찰스 디킨스, 헨리 데이비드 소로, 에드거 앨런 포, 루소, 베이컨, 헤밍웨이, 마크 트웨인, 버로우즈, 조셉 콘라드, 탈메이지, 톨스토이, 롱펠로, 존 키이츠, 휘트먼, 에머슨 등의 작품 읽기(각 사람의 전 작은 아니더라도)
112. 바흐, 베토벤, 드뷔시, 이베르, 멘델스존, 랄로, 림스키코르사코프, 레스피기, 리스트, 라흐마니노프, 스트라빈스키, 토흐, 차이코프스키, 베르디의 음악 작품들과 친숙해지기
113. 비행기, 오토바이, 트랙터, 윈드서핑, 권총, 엽총, 카누, 현미경, 축구, 농구, 활쏘기, 부메랑 등을 다루는 데 있어서 우수한 실력을 갖출 것
114. 음악 작곡
115. 피아노로 베토벤의 월광 연주
116. 불 위로 걷는 것 구경하기(발리 섬과 남미의 수리남에서 구경했음)
117. 독사에게서 독 빼내기(이 과정에서 사진을 찍다가 등에 마름모 무늬가 있는 뱀에게 물렸음)
118. 영화 스튜디오 구경
119. 폴로 경기하는 법 배우기
120. 22구경 권총으로 성냥불 켜기
121. 쿠푸(기제의 대피라미드를 세운 이집트 제4왕조의 왕)의 피라미드 오르기
122. 탐험가 클럽과 모험가 클럽의 회원으로 가입
123. 걷거나 배를 타고 그랜드 캐니언 일주
124. 배를 타고 지구를 일주할 것(현재까지 네 차례의 일주를 마쳤음)
125. 달 여행("신의 뜻이라면 언젠가는!")
126. 결혼해서 아이들을 가질 것(존 고다드는 현재까지 다섯 명의 자녀를 둠)
127. 21세기에 살아 볼 것(존 고다드는 일흔다섯 살)

2) 나의 꿈 목록 만들기와 실천

〈표 11-1〉 나의 꿈 목록 만들기

	나의 꿈 목록	실천 점검
10년 이내에 하고 싶은 일		□ □ □ □ □
20년 이내에 하고 싶은 일		□ □ □ □ □
가고 싶은 곳		□ □ □ □ □
배우고 싶은 것		□ □ □ □ □
갖고 싶은 것		□ □ □ □ □
내가 만든 항목 (　　　)		□ □ □ □ □

3. 멘토 찾기

역사 속의 인물이나 현재의 인물 또는 관심이 있는 분야의 선험자들을 멘토(mentor)로 찾아 모델링해 볼 수 있다. 여러 가지 방법으로 멘토를 찾을 수 있다. 독서 또는 지식 네비게이션 등을 활용하여 멘토를 적극적으로 찾아 인생의 비전을 실천한 구체적인 경험과 사례를 접할 수 있다.

호텔 종업원에서 세계적 호텔왕이 된 콘래드 힐튼

내가 호텔 종업원으로 일할 때 나보다 뛰어난 사람은 얼마든지 있었어요. 하지만 그들은 나처럼 하루도 빠짐없이 자신의 미래를 생생하게 그리지는 않았어요. 노력이나 재능보다 훨씬 더 중요한 것은 성공을 꿈꾸는 능력입니다.

칭기즈 칸

집안이 나쁘다고 탓하지 말라.
나는 아홉 살 때 아버지를 잃고 마을에서 쫓겨났다.
가난하다고 말하지 말라.
나는 들쥐를 잡아먹으며 연명했고,
목숨을 건 전쟁이 내 직업이었고 내 일이었다.

작은 나라에서 태어났다고 말하지 말라.
그림자 말고는 친구도 없고 병사로만 10만
백성은 어린애, 노인까지 합쳐 200백만도 되지 않았다.

배운 게 없다고 힘이 없다고 탓하지 말라.
나는 내 이름도 쓸 줄 몰랐으나
남의 말에 귀 기울이면서
현명해지는 법을 배웠다.

너무 막막하다고,
그래서 포기해야겠다고 말하지 말라.

나는 목에 칼을 쓰고도 탈출했고,
뺨에 화살을 맞고 죽었다 살아나기도 했다.
적은 밖에 있는 것이 아니라 내 안에 있었다.

나는 내게 거추장스러운 것은 깡그리 쓸어 버렸다.
나를 극복하는 그 순간 나는 칭기즈 칸이 되었다.

벤자민 프랭클린의 덕목

벤자민 프랭클린(Benjamin Franklin)은 펜실베이니아 주 영국 식민지에서 30세가 되기 전에 인쇄업자 대표로 선발되었다. 젊은 시절의 그는 Junto Club을 세워 계속적인 학습과 성숙된 대화를 공유하였으며, 미국 사회에 영향력을 미쳤다. 또한 미국 최초로 대출도서관을 설립했고, 소방회사, 의회 서기 등을 역임했다. 80대에는 미합중국 헌법을 제정하는 그룹을 이끌었다. 지혜, 담화, 친절, 유머를 쉽게 찾아볼 수 있는 벤자민 프랭클린이 전하는 덕목은 다음과 같다.

절제: 폭음, 폭식을 삼간다.
침묵: 타인 혹은 나에게 유익한 일 이외에는 말하지 않는다. 쓸데없는 말은 하지 않는다.
규율: 모든 물건은 위치에 정해 놓고, 일도 시간을 정해 놓고 진행한다.
결단: 해야 할 일은 실행할 것을 결심한다. 그리고 결심한 일은 꼭 실행한다.
절약: 타인과 자신에게 유익한 일을 모색하고 낭비하지 않는다.
근면: 시간을 헛되이 쓰지 않는다. 언제나 유익한 일에 힘을 쏟는다. 불필요한 행동을 하지 않는다.
성실: 타인에게 폐가 되는 거짓말을 하지 않는다.
정의: 타인에게 해를 입히는 행위는 하지 않는다.
중용: 생활의 균형을 지키고 화내지 않으며, 타인에게 관용을 베푼다.
청결: 몸과 의복, 주변을 불결하게 하지 않는다.
평정: 하찮은 일, 피하고 싶은 일이 생겨도 평정을 잃지 않는다.
순결: 타인의 신뢰와 자존심에 상처를 입히는 행동은 피한다.
겸손: 예수와 소크라테스를 본받는다.

※ 아래 자료를 참고하여 '나의 멘토' 신문을 만들어 보자.

▮ 활동 안내 ▮

1. '나의 멘토' 신문을 만드는 데 멘토(mentor)가 같은 사람들끼리 모둠 만들기
2. 신문 형식 정하기 (몇 단, 몇 칸)
3. '나의 멘토' 신문에 기사로 실었으면 좋을 것 같은 내용 선정하기
4. '나의 멘토' 신문 작성하기
5. '나의 멘토' 신문 편집하기
6. '나의 멘토' 신문 전시, 발표하기

4. 자기효능감과 자기충족적 예언

리더십을 발휘하는 수행에 대해 자기효능감(self efficacy)이 직접적 또는 중재적 영향을 미친다는 연구 결과들이 발표되고 있다(Prussia 등, 1998). 특정한 과제에 대해 개인이 할 수 있다고 믿는 신념인 자기효능감이 높을수록 성취할 가능성이 높아진다는 것이다.

또한 자기충족적 예언(self-fulfilling prophecies)의 효과도 실험연구나 실제 사례에서 검증되어 왔다. 이는 피그말리온 효과(pygmalion effect) 또는 자성예언(自成豫言)이라고도 하며, 긍정적 기대가 이루어지는 것을 가리킨다. 그리스의 피그말리온 왕은 실제 여인이 아닌 조각상의 여인을 사랑하고 있었는데, 아테네 여신에게 제사를 잘 지내 축복을 받게 된다. 피그말리온 왕이 아테네 여신에게 기도를 하고 집으로 돌아갔는데 조각상 속의 여인이 실제 인간이 되었다는 것이 피그말리온 효과이다.

이와 반대로 부정적인 기대가 실현되는 현상도 있는데, 이를 골름(Golem) 효과 혹은 스티그마 효과라고도 한다. 부정적인 기대를 가지고 있으면 실제로 그것이 실현되는 것을 가리킨다.

애국가를 만든 안익태의 '자기충족적 예언 효과'

1936년 손기정 선수가 마라톤에서 우승을 한 베를린 올림픽 때 공식석상에서 처음으로 애국가가 울려퍼졌다. 이 곡을 만든 안익태(1906-1964)는 어린 시절부터 다음과 같은 자기충족적 예언으로 기대하여 자신감을 키웠다.

'나는 반드시 런던 교향악단을 지휘하겠다.'

1906년 평양 출생의 안익태는 일본, 미국에서 온갖 어려움을 이겨내며 지휘자의 꿈을 키워, 이후 세계적으로 유명한 교향악단을 230여 회나 지휘하게 된다.

5. 실패에 대한 탄력성 개발

실패하거나 일이 잘 되지 않은 경우에 다시 회복하는 자아 탄력성으로 인생 전반의 불패를 가져오는 역사적 리더들이 있다. 에디슨은 전구를 발명할 때 이천 번의 실패에도 불구하고 마침내 필라멘트 전구를 완성해 낸다. 전구 실험에서 실패했을 때 기분이 어땠는지를 묻는 기자들의 질문에 에디슨은 "실패라니요? 난 한 번도 실패한 적이 없습니다. 난 단지 2천 번의 단계를 거쳐 전구를 발명했을 뿐입니다."라는 발언을 했다. 일을 해보려고 하면 수반되는 것이 고통이며, 이 고통을 겪어 내는 용기가 필요하다.

링컨의 실패와 궁극적 불패

에이브러햄 링컨에게는 실패와 고난이 수없이 많았다. 가난하여 7살 때 산골로 이사해서 초등학교를 1년밖에 못 다녔고, 9살 때 어머니가 세상을 떠나 남의 집 점원으로 일을 했으며,

뱃사공도 했고, 19살때는 가장 사랑하는 누나를 잃었다.
22살 때 돈 한 푼 모으지 못하고 직장에서 해고당했으며,
23살 때 빚을 내 친구와 작은 가게를 얻어 동업을 했는데,
26살 때 친구가 죽어 그 빚을 혼자 떠맡아 30살이 될 때까지 그 빚을 다 갚아야 했다.
4년 동안 좋아하며 따라다니던 처녀가 그의 나이 28살 때 자기를 버리고 다른 남자한테 시집을 갔다.

(출처: 김용옥(2008). 몰입 이렇게 하라. 물푸레)

6. 시간관리

시간관리는 장기목표와 단기목표로 구분하여 필요한 행동 리스트를 열거한 후 일의 우선 순위를 결정하고 이에 따라 월별 · 주별 · 일일 시간 계획을 작성하는 일에서 시작된다. 2주 후, 2달 후, 한 학기 후, 1년 후, 졸업 후, 10년 후, 20년 후의 원하는 자신의 모습을 생각하게 하고, 이러한 자신의 모습을 이루기 위해 어떤 일을 해야 하는지를 적는다. 이를 토대로 시간 계획을 할 수 있다.

〈표 11-2〉 **월별 목표와 시간 계획 및 점검표**

구분	세부 목표	목표 실천 방법	자기 점검
1월			☐ ☐
2월			☐ ☐
3월			☐ ☐
4월			☐ ☐
5월			☐ ☐
6월			☐ ☐

구분	세부 목표	목표 실천 방법	자기 점검
7월			□ □
8월			□ □
9월			□ □
10월			□ □
11월			□ □
12월			□ □

시간관리에 있어서 '우선순위 정하기(setting proiorities)'는 제한된 시간 내에 원하는 일을 해내는 데 있어 결정적인 역할을 하는 방법이다. 일반적으로 학생이라면, 수업에 참여하고 숙제를 하며 자신만의 공부를 하는 것이 가장 우선적인 세 가지가 되어야 한다.

학습자 스스로 무엇이 우선적으로 수행되어야 하는가를 결정하고, 자신의 의사결정 결과를 받아들여야 한다. 학생들의 우선순위 결정은 주의역(attention span)에 의해 영향 받을 수도 있고 다른 이행에 의해 영향 받을 수도 있다. 제한된 시간을 보다 효과적으로 사용할 수 있도록 우선순위를 고려하여 계획 짜기(scheduling)를 해낸다. 우선순위를 정했다면 '해야 할 것의 항목(To do list)'을 기록하여 사용한다.

〈표 11-3〉 일일 시간 계획 및 점검표

	월	점검	화	점검	수	점검	목	점검	금	점검	토	점검	일	점검
07:00														
07:30														
08:00														
08:30														
09:00														
09:30														
10:00														
10:30														
11:00														
11:30														
12:00														
12:30														
1:00														
1:30														
2:00														
2:30														
3:00														
3:30														
4:00														
4:30														
5:00														
5:30														
6:00														
6:30														
7:00														
7:30														
8:00														
8:30														
9:00														
9:30														
10:00														
10:30														
11:00														
11:30														
12:00														
전체														

7. 네트워크 관리

다른 사람들이 주변에 많을수록 성장할 수 있는 기회가 많다. 나와 똑같이 생각하는 사람들 속에만 둘러싸여 있다면 침체되고 만다. 단점이 많은 사람, 다른 측면의 장점을 가진 사람도 개인적 성장에 도움이 된다. 논어에는 '삼인행필유아사언(三人行必有我師焉)', 즉 '세 사람이 동행을 하면 반드시 스승이 있게 된다' 하여 인적 네트워크의 중요성을 강조하고 있다.

CHAPTER 12

리더십 키우기

1. 배려하는 마음 키우기

배려는 다른 사람을 도와주거나 보살펴 주려고 마음을 쓰는 것이다. 현대로 오면서 섬김의 리더십이라고 하여 배려하는 마음 키우기가 더욱 중요하게 부각되고 있다. 배려는 상대방에 대한 관심과 함께하는 이들의 협력을 구하는 것이다. 배려하는 마음은 인간에 대한 애정에서 출발하며, 자기 개방과 문제를 포용하고 치료하며 따뜻하게 해결하는 것을 가리킨다.

신뢰를 구축하고, 솔선수범하며 추진력을 발휘하지만 궁극에 가서는 나누는 삶(sharing life)에 목표를 두는 리더들이 많다. 김수환 추기경이 서거하기 전에 장기기증을 하며 떠난 것은 나누는 리더십의 좋은 사례이다.

어려운 이에게 장기기증: 김수환 추기경

김수환 추기경은 생전에 안구 등 장기를 기증하겠다고 의사를 밝히고 돌아가셨다. 고인은 생애 마지막 순간까지, 자신의 모든 것을 어려운 이들에게 베풀고 가셨다.

한편, 자원봉사활동도 리더들의 특징이 되고 있다. 자원봉사자(自願奉仕者, Volunteer)는 사회 또는 공공의 이익을 위한 일을 자기 의지로 행하는 사람을 가리킨다. 자원봉사자들의 활동은 보통 비영리단체(非營利團體, NPO, Non-Profit Organization)와 연계되나, 이러한 공식적 봉사 이외에도 개인적 봉사가 이루어지고 있다. 자원봉사를 나갈 때에는 봉사활동에 어울리는 밝고 차분한 색의 청결한 차림새, 예의 바른 인사, 상대방에 적절한 대화법, 약속시간을 엄수하는 방문 예절을 지킨다. 섣부른 동정심이나 호기심을 나타내지 않도록 유의한다. 최근에는 자원봉사활동 이외에도 개인의 소질과 재능기부활동도 활발해지고 있다.

장애인 봉사활동

1. 자연스럽게 대하고, 요구가 있을 때 돕는다.
2. 무엇을 원하는지 잘 듣고 행동한다.
3. 보행이나 대화 시에 장애인의 리듬에 맞추어 행동한다.
4. 동정이나 자선을 베풀지 않는다.
5. 장애인의 능력을 과소평가 하는 일이 없도록 한다.

○ 시각장애인에게는 어떻게 자원봉사활동을 해야 할까?

1. 인사를 할 때에는 먼저 말을 걸어 주고 악수한다.
2. 방향과 장소를 알려 줄 때에는 우선 자신이 확실히 아는 길인지를 확인한 후 전후좌우, 몇 발짝, 몇 미터 등을 정확하게 말해 주도록 한다.
3. 안내할 때에는 당신의 팔을 내밀어 잡게 하고 흰 지팡이 반대편에 서서 반 보 앞으로 걸어간다. 이때, 팔은 팔꿈치 부분이나 팔꿈치 위를 잡게 하는 것이 좋다.
4. 흰 지팡이는 시각장애인의 눈이므로 그것을 잡고 있는 손을 붙잡는다거나, 당긴다거나, 민다거나 하는 것은 금물이다.
5. 차 대접 또는 식사 시, 먼저 각 그릇의 위치와 그 음식 내용을 작은 목소리로 확실히 설명해 주도록 한다. 그릇의 위치는 시계 방향으로 말하면 빨리 알아차릴 수 있다.

(출처: 충청남도 교육청 학생봉사활동 정보안내센터)

2. 도덕성

요즘 청소년 폭력, 집단 따돌림으로 인한 자살, 게임 중독에 의한 문제행동의 발생이 심각해지자 학교와 가정에서 도덕 및 인성교육을 강조해야 한다는 목소리가 높다. 청소년 범죄 뉴스의 특징을 보면, 자신의 행동이 나쁘다는 것을 청소년 스스로 인지하지 못하고 있음을 접하게 된다. 이렇게 된 이유는 학생들 스스로 무엇이 옳은가를 성찰하게 하는 도덕교육의 부재에 그 원인이 있다(서미옥, 2012). 리더십에는 올바른 윤리적 판단의 기준과 원리에 대해 성찰할 수 있는 도덕적 품성 개발이 포함된다.

3. 불가능에의 도전

열정을 가지고 불가능에 도전하는 마음, 해낼 수 있다는 신념을 가지고 실천하는 마음은 리더십에서 빼놓을 수 없다. 이러한 열정은 일에 대한 흥미와 관심사이며 삶의 에너지이다. 20세기에 인간은 비행기 발명에서 우주 비행으로 달나라에 다녀올 수 있게 되었다. 미국의 케네디 대통령은 "1960년대가 가기 전에 인간을 달로 보내겠다"는 선언을 하게 된다. 이 불가능에의 도전은 아폴로 11호를 발사하기 이전의 여러 단계를 거치면서 마침내 성공에 이르게 된다. 이는 목표(goal)를 세우고, 계획(plan)하여, 행위(action)하는 과정 가운데 시행착오를 통해 얻어낸 값진 성과이다. 흔히 사람들은 아폴로 11호 단 하나의 결과만 보고 달 착륙과 연계시키지만, 실상은 인간을 달에 갈 수 있게 한다는 목표 이후에는 머큐리 프로그램(The Mercury Program)과 제미니 프로그램(The Gemini Program)이 있었다. 이를 거쳐 아폴로 프로그램(The Apollo Program)이 나왔으며, 아폴로 프로그램 안에서도 11번째 시도에서 달 착륙에 성공할 수 있었다.

불가능에의 도전: 아폴로 11호

목표: 미국은 하나의 목표를 성취해야 합니다. 앞으로 10년 안에 사람을 달 표면에 착륙시키고, 지구로 무사히 귀환하는 것입니다. 케네디 대통령, 1961년 5월 25일

- **계획 1단계: 머큐리 프로그램** – 각 로켓이 우주로 한 명의 우주비행사를 보냄.
- **계획 2단계: 제미니 프로그램** – 각 로켓이 우주에 장기간 견딜 수 있는 인간 능력을 테스트하기 위해, 우주의 지구 궤도로 두 명의 우주비행사를 보내는 것.
- **계획 3단계: 아폴로 프로그램** – 달에 세 명의 우주비행사를 보내는 것. 아폴로 11호에 이르러 결국 달에 착륙하고 탐구.
- **행위**: 미국은 1961년 5월부터 1969년 6월까지 우주공간에 20개의 유인 우주선을 보냈다. 1969년 7월 닐 암스트롱이 달에 첫 번째 발자욱을 내게 된다. 8년 2개월 만에 케네디 대통령의 목표가 이루어졌다.

4. 과제 책임감과 성실

과제 책임감은 처리하거나 해결해야 할 임무나 의무를 중히 여기는 마음이다. 인간은 태어나서 걷게 되면서부터 일정한 과제 책임을 겪게 된다. 과제를 제대로 처리하게 되면 큰 문제가 발생하지 않으나, 제대로 처리하지 않으면 원하는 결과를 얻지 못하게 되는 불상사를 초래한다. 과제를 완성하지 못하고 중도에 포기하게 되면서 어려움을 겪게 될 수 있다. 리더의 덕목으로 강한 책임감과 성실이 포함된다.

95세의 나이에도 첼로를 맹연습한 파블로 카잘스

세계적인 첼로 연주자인 파블로 카잘스는 특별한 연주가 없어도 쉬지 않고 첼로를 연습하였다. 하루 6시간씩 연습을 계속해 갔으며, 99세가 되어서도 3시간씩 연습한 걸로 알려져 있다. 95세가 되던 해에 BBC 인터뷰에서 왜 그 나이에도 첼로를 그렇게 연습하냐고 물었는데, 그의 대답은 "이렇게 연습하면 할수록 내 연주가 조금씩 더 나아지고 있기 때문이지요"였다.

케네디의 자신과의 약속

대학 시절 심한 감기몸살인데도 불구하고 오후 12시가 가까운 시간에 도서관에서 식은땀을 흘리며 공부하는 학생이 있었다. 도서관 직원이 이상하여 그 이유를 물었는데 그 학생은 "저는 오늘 아침 저 자신과 오후 12시까지 공부하겠다고 약속을 했거든요"라고 말했다. "학생, 그 약속은 자네밖에 모르는 약속이지 않은가?"라고 직원이 되물었다. 자신밖에 모르는 약속이니 더욱 지켜야 한다고 말하던 그 학생은 미국 대통령을 지낸 케네디였다.

소아마비 완전퇴치를 위해 일한 前 WHO 사무총장 이종욱

"군인들은 전쟁을 하다 죽고, 의사는 환자를 돌보다 죽기도 합니다. 환자를 위해 자기 몸을 기꺼이 희생하는 사람이 진짜 의사입니다. 명예 때문이 아니라 정말 자기가 하고 싶어서 의사의 길을 선택한다면 더없이 좋은 일이 될 것입니다."

나중에 세계보건기구, 즉 WHO의 사무총장이라는 막중한 임무를 맡아냈던 이종욱은 WHO 본부 예방백신국장으로 일하던 1994년 4월 '소아마비 완전퇴치'를 선언한 뒤 1년 만에 유병률을 인구 1만 명당 1명 이하로 떨어뜨렸다. 그때부터 '백신의 황제'라는 별칭이 생겼다.

5. 과거와 현재 그리고 미래: 미래를 보는 눈 키우기

20세기 후반 뉴질랜드 오클랜드 시에서 하버브리지(Harbourbridge)를 세울 때 예산이 부족하여 공무원들이 엄두도 못 내고 있었다. 급속하게 늘어나는 운송 요구를 감당해 내지 못하는 상황에서 일본이 하버브리지를 대신 세워 주겠다고 제안을 해 왔다. 일본이 다리를 세워 주는 대가로 자동차, 건설용 자재 등 일본상품을 저렴하게 보급하겠으니 이를 구입해 주는 조건이었다. 결국 모든 물품을 해외에서 의존해야 하는 뉴질랜드에서 일본의 제의를 받아들이게 된다. 이후로 21세기가 된 지금도 뉴질랜드에서 일본 자동차나 물품을 쉽게 찾아볼 수 있다.

리더는 과거와 현재, 그리고 미래를 엮어볼 수 있는 시각을 키울 수 있어야 한다. 시간과 현상을 매개로 하여 단기적 시야에 머물지 않고 장기적 안목을 가지도록 해야 한다. 미래를 예측할 수 있는 식견을 갖추고 현상을 조정하며 의사결정을 내리는 태도가 요구된다.

6. 변혁적 리더십

최근 우리는 급격한 조직환경의 변화에 따라 조직구조와 시스템의 개혁이 뒤따르는 상황에서 이를 주도적으로 추진하는 강력한 변화지향적 리더들의 출현을 수없이 보아 왔다. 크라이슬러의 아이어코카 회장, 마이크로소프트 빌 게이츠 회장, GE의 잭 웰치 회장, IBM의 루 거스 회장 등이 보여 주는 리더십은 이러한 변혁적 리더십의 대표적 사례이다(손태원, 2004). 변혁적 리더십은 열정과 비전으로 고무시킬 수 있는 리더십이다(Bass, 1985). 이 이론은 기존의 다른 모든 리더십 이론들이 리더와 팔로어 간의 교환 관계에 기초한 거래적 리더십에 치중해 있다고 비판하는 데서 출발한다. 변혁적 리더십의 대표적 이론가인 번즈(Burns, 1978)는 그의 저서 『리더십(Leadership)』에서 리더십 유형을 거래적 리더십과 변혁적 리더십 두 가지로 대변하고 있다. 거래적 리더십은 팔로어들이 리더와의 교환적 관계에서만 리더십을 수용할 뿐이며, 그 이상의 높은 정서적 관계나 상호신뢰 같은 것이 게재되지 않은 리더십이다. 반면에 변혁적 리더십은 리더와 추종자들 간에 서로 높은 동기부여와 도덕성을 지향할 때 발생하는 리더십으로, 서로의 깊은 욕구와 감정적 열망을 바탕으로 이루어지는 관계로 정의하고 있다. 변혁적 리더십의 가장 두드러진 행동 특성으로 팔로어들의 신뢰와 존경, 영감과 격려와 같은 카리스마적 요인, 팔로어들에 대한 지적 자극과 개인적 배려 등(Bass, 1985)이 제안되었다(채주석, 이길환 김찬중, 2011).

7. 서번트 리더십

참여하는 사람이 각각 다양한 역할을 수행할 수 있는 리더십이 강조되고 있다. 이러한 맥락에서 섬김과 봉사의 리더십이 제안되고 있다. 서번트 리더십(servant leadership)은 다른 사람을 섬기는 리더십으로 알려져 있다. 봉사(서번트)의 의미와 지도력(리더십)이 합쳐진 말이다.

오랫동안 지배나 조직 및 관리의 리더십만이 최선의 리더십이라고 여겨 왔다. 즉, 보다 높은 곳에서 권력을 가지고 타인을 지배하는 사람이 리더라고 생각해 왔던 것이다. 그러나 최근 비전을 제시하고 바람직한 방향으로 이끌어가는 리더십으로 '섬김의 리더십'이 제안되고 있다.

섬김의 리더십은 미국의 전화회사 AT&T의 경영관련 교육자인 로버트 그린리프에 의해 1971년 'Servant Leadership'이란 단어로 처음 사용되었다. 1996년 'On becoming a Servant-Leader'라는 책에서 로버트 그린리프는 헤르만 헤세가 쓴 『동방순례』라는 이야기에서 힌트를 얻어 제안하였다. 헤르만 헤세의 동방순례라는 소설에서는 여러 사람들이 다른 목적을 가지고 동방을 향해 여행하는 가운데 '레오'라는 하인이 있었다. 레오는 사람들의 시중을 묵묵히 들며 '무엇을 도와드릴까요?'라는 말을 해 주거나 노래를 불러 주거나 하여 오랜 여행에 지친 이들에게 생기를 불어넣어 주거나 잡일을 도맡아 했다. 그러던 어느 날 레오가 보이지 않게 되었다. 여행자들은 걱정하며 그를 찾았지만 찾을 수 없었다. 레오가 사라진 후 여행길은 더 이상 기쁘지 않았고 일부는 다투었으며 결국 동방순례를 포기하기까지 된다. 이윽고 사람들은 레오가 단지 시중을 드는 하인, 즉 서번트로가 아니라 실제 그들의 수장이자 진정한 리더였다는 것을 깨닫게 된다(유평준, 2010). 같은 맥락에서 셀파의 리더십, 즉 도우미 리더십과 같은 예를 들 수 있다. 이것은 진정 섬김을 받기 원한다면 먼저 섬기는 자가 되어야 한다는 주장이다. 오늘날 이러한 섬김의 리더십은 급속한 현대 문명과 함께 달리 발전되고 있다. 현대에 와서는 가상현실이나 클라우드 등과 같은 분야에서도 섬김의 리더십이 인정되고 있다.

8. 팀 리더십

팀 리더십(team leadership)은 2명 이상의 팀 구성원이 상호호혜적 고리(reciprocaity ring)를 가지고 목적한 바로 나아가도록 영향을 미치는 것이다. 통신과 교통의 발달로 팀이 원격 상황에서도 형성되는 시대가 되었으므로 팀 리더십에도 관심을 가져야 할 때가 되었다.

팀 맥락의 관리가 팀 성공과 실패를 도출하는 하나의 기본적인 동력원이 된다는 연구 결과들이 밝혀졌다(Guzzo & Shea, 1992; Kline, 1999; Mohram, Cohen & Mohrman, 1995). 또한 팀 리더십을 구성하는 것이 무엇인가에 대한 다양한 연구 결과들이 제안되어 왔다(Manz & Sims, 1987; Tjosvold & Tjosvold, 1991; Wellens, Byham & Wilson, 1991). 조직에서의 팀 관련 연구들은 다음과 같이 요약될 수 있다.

〈표 12-1〉 조직에서의 팀 관련 연구

연구자	맥락 변인
McGrath(1964)	• 팀 과제 할당(team task assignment) • 팀 보상 구조(team reward structure) • 팀에 대한 환경적 스트레스 수준 (Level of environmental stress on the team)
Gladstein(1984)	• 리더십(leεdership) • 활동의 구조화(structuring of activities) • 집단 내 과정(intragroup processes) • 경계선 관리(boundary management)
Pearce & Ravlin(1987)	• 과제 조건(task conditions) • 조직 조건(crganizational conditions): 예를 들면, 적절한 팀 기대 및 관리 지원) • 개인적 조건(personnel conditions)

연구자	맥락 변인
Hackman(1988)	• 조직 보상 체계(organizational reward system) • 조직 교육 체계(organizational educationa system) • 조직 정보 체계(organizational information system)
Sundstrom, Demeuse & Futrell(1990)	• 조직 문화(organizational culuture) • 과제 설계(task design) • 공학(technology) • 업무 명료성(mission clarity) • 자율성(autonomy) • 수행 피드백(performance feedback) • 보상과 인식(rewards and recognition) • 훈련(training) • 물리적 환경(physical environment)
Campion, Medsker & Higgs(1993)	• 훈련(training) • 관리자 지원(manager support) • 집단 간 의사소통과 협동 (communication & cooperation between groups)
Cohen(1994)	• 피고용자 관여(employee involvement) • 감독 행동(supervisorty behaviors) • 집단 과제 설계(group task design) • 집단 특성(group characteristics)
Kline(1999)	• 조직적 지원(organizational support) • 감독 지원(supervisorty support)

팀이 조직문제에 잘못된 해결을 가져오는 경우가 많다(Kline, 2003). 팀이 효과적으로 성과를 내기 위해 제안되고 있는 팀 리더십의 9가지 핵심 요인들은 다음과 같다.

▮ 팀 리더십의 9가지 핵심 요인 ▮

○ 정보수집과 보고
○ 아이디어 생성과 검증
○ 기회를 탐색하고 제시하기
○ 평가와 적용 계획
○ 스탭과 자원 조직
○ 성과 도출과 확산
○ 검토하기
○ 유지하기-표준이나 가치 면에서 지속하거나 보호하기
○ 연계짓기-다른 활동과의 조정과 통합

(출처: Magerison, 2002)

팀이 비효과적으로 되는 주요 요인에 대해 효과적으로 되는 요인이 제안되고 있다(Kline, 2003). 첫째, 공동의 목표를 창출하고, 팀 활동의 성과가 개인에게 돌아갈 수 있도록 하며, 둘째, 구성원 개개인의 각각 다른 경험에 가치를 두는 경우이다. 셋째, 팀 구성원에게 팀 내에 있는 분명한 관점을 제공하며, 넷째, 전문가나 개인에 대한 존경을 보여주고, 팀 자체가 높은 에너지 수준을 가지는 경우이다. 다섯째, 팀원 개개인에게는 당신을 지켜보고 있다고 인식시켜 주며, 여섯째, 팀 공동의 가치와 원칙을 가지고 있는 경우였다. 마지막으로 상호 의식적이 되었다. 즉, 각 구성원이 말하는 것을 따르고 신뢰하는 경우였다.

〈표 12-2〉 팀이 비효과적 및 효과적으로 되는 주요 요인

팀이 비효과적이 되는 주요 요인	팀이 효과적으로 되는 주요 요인
• 팀 구성원이 팀 리더에게 더 이상 리더로서 확신감이 없어짐.	• 공동의 목표를 창출.
• 개인 혹은 기능적 요구가 조직의 복지를 앞섬.	• 팀 활동의 성과가 개인에게 돌아감.

팀이 비효과적이 되는 주요 요인	팀이 효과적으로 되는 주요 요인
• 실제적 문제가 '덮여 있음'.	• 각각 다른 경험에 가치를 둠.
• 팀이 힘과 도덕적 정당성으로 행사.	• 팀 구성원에게 안에 있는 분명한 관점을 제공
• 실행 팀 구성원이 팀 활동 탁자 위에 더 이상 팀 기술을 가지고 오지 않음.	• 전문가에 대한 존경을 보여 줌
• 실행 팀 리더가 지배적인 경우.	• 개인에 대한 존경을 보여 줌
• 팀 과제 수행을 멈추어 앞으로 나가는 것을 막음.	• 높은 에너지 수준을 가짐
• 갈등을 빈약하게 다룸. 갈등을 피하거나 그에 대해 공격함, 개인적으로 비난함.	• 당신을 지켜보고 있다고 인식시켜 줌
• 실행 팀 구성원 간에 신뢰가 없음.	• 공동의 가치와 원칙을 가지고 있음
• 구성원들이 사업 단위에 지나치게 갇혀 있음.	• 의식적이 됨: 각 구성원이 말하는 것을 따르고 신뢰함.

(출처: Kline, 2003)

9. 글로벌 리더십

국내 조직과 국외 조직이 지구촌 곳곳에 국경을 초월하여 상호 연결되면서 글로벌 리더십(global leadership)이 부상하게 되었다. '등태산 소천하(登泰山 小天下)' 라는 말은 '공자가 태산에 오른 뒤에야 비로소 천하가 작다는 것을 알았다' 는 뜻으로 넓은 세상을 보고 시야를 키우라는 의미인데, 현대로 오면서 점점 한 국가에 제한되지 않는 물리적 및 정신적 태세가 같은 맥락에서 강조되고 있다. 글로벌 리더십은 1960년대에는 다국적 회사(multinational corporations: MNCs)가 여러 나라에 기초를 두고 성장하기 시작한 데에서 시작하여, 1970년대에 와서는 많은 관리자들에게 태어난 나라를 넘어서서 자기와 다른 국가의 문화를 다루어야 하는 것과 연합된 도전이 증가하게 되는 상황에서 더 발전하게 되었다(Mendenhall 등, 2008). 이러한 동향은 1990년대와 2000년대를 거치면서 더욱 일반적이 되었다. 레인 등(Lane et al, 2004)은 글로벌화(globalization)라는 말을 '증가되는 복잡성(increased complexitity)' 이라는 말과 동일하게 쓰고 있다.

21세기에 와서 스마트 폰이 보급되고 통신이 용이하게 되면서 굳이 물리적 공간 이동을 하지 않더라도 글로벌 리더십을 발휘하기가 용이해졌다. 글로벌 재능을 문제해결에 활용하려는 움직임도 활발하다(Mobley & Dorfman, 2003). 글로벌 리더는 커뮤니케이션과 매너, 개방적 태도, 문제해결, 탄력성, 상호관계, 추진력, 책임감 등을 갖추고자 노력하는 사람이다. 글로벌 리더는 공존하는 지구촌에서의 미래와 미래의 예측에 관심을 가지고 있다. 미래를 예측한다는 것은 미래를 만들어 가고 준비하는 태도를 보인다.

글로벌 리더십은 융합의 리더십과 함께 발전되고 있다. 인문사회학, 경영학, 과학, 인문학의 융합이 글로벌 중심에 선 리더에게 요구된다. 융합은 단순한 더하기가 아니라 새로운 것을 만들어 내는 것이다. 융합이라는 말은 2002년 미국 과학재단이 나노기술·생명공학·정보통신·인지과학을 뜻하는 'NBIC(Nano , Bio, Information technology, Cognitive science) 융합 보고서'를 발표하면서 널리 사용되기 시작했다. 이들 분야의 새로운 융합이 우리가 생각하지 못한 새로운 것을 만들어낼 것이라고 본 것이다. 21세기 인류가 과거 17세기, 18세기, 19세기의 사람들보다 더 깊이 생각하고 있는가? 새로운 문명을 펼치고 있는가? 라는 질문과 함께 포스트모더니즘으로의 변화는 탈 경계(boarder-crossing), 통섭(consilience), 혼합(fusion), 혼성(hybrid) 등의 융합으로 나아가고 있다.

또한, 최근에 와서 글로벌 리더십의 특징을 밝히려는 노력들이 활발해지고 있다. 라인스미스(Rhinesmith)는 글로벌 리더십의 핵심 역량으로 글로벌 조직관리 역량, 다양성 적응 역량, 유연한 조직 적응 역량, 다문화 팀 관리 역량, 불확실성 관리 역량, 학습 조직 조성 역량 등을 들고 있다(차동옥, 2007).

〈표 12-3〉 글로벌 리더십 핵심 역량

핵심 역량	내 용
글로벌 조직관리	글로벌 차원에서 자본, 기술, 공급자 설비, 시장 기회, 인적 자원에 관한 정보를 수집하고 활용하는 능력. 글로벌 조직관리 역량을 배양하기 위해 리더들은 세계의 변화하는 정치·경제·사회·문화적 상황에 대해 끊임없이 관심을 갖고 지켜보고 또한 최신 조직관리 기법에 관한 지식은 넓혀 나가는 것이 중요.

핵심 역량	내 용
다양한 적응	개인 및 조직의 성과에 영향을 미치는 다이내믹한 관계를 인식하고 분석하며 관리할 수 있는 능력. 개인이 직면하게 될 모순된 상황을 균형된 시각을 가지고 해결할 수 있는 능력. 글로벌 조직에서는 조직 내에 다양한 관점과 견해가 존재하기 때문에 국내에서만 활동하는 조직보다 더 많은 갈등이 발생할 수 있으므로 상반되는 견해를 이해하고 통합할 수 있는 갈등 관리 기술이 요구됨.
유연한 조직 적응	세계화 시대에서는 환경 변화에 따라 조직 내에서 팀과 기구들이 수시로 만들어지고 또한 해체됨. 유연한 조직 적응 역량은 탄력적으로 조직을 설계하고 조직의 규정을 바꿀 수 있는 능력과 조직 내에서 의사결정 권한을 글로벌 차원에서 적절하게 분배하고 통합하는 능력.
다문화 팀 관리	세계화 시대에서 조직은 다양한 문화적 배경을 가진 사람들로 구성됨. 이러한 문화적 차이를 활용해서 창조적인 혁신 및 시너지를 이끌어 내며 동시에 갈등을 건설적으로 관리해 나가는 능력이 필요함. 조직 구성원들 간의 가치의 다양성을 인정하며 타문화에 대해 유연한 태도를 갖는 것이 요구됨.
불확실성 관리	불확실성에 대한 관리 역량은 환경 변화에 적극적으로 대응하고 계속되는 변화와 혼돈 속에서 새로운 기회를 창출해 내는 능력을 의미. 리더는 환경 변화로 인해 오는 불확실성을 기꺼이 받아들여 불안감을 극복하고 오히려 이것을 활용하려는 진취적인 마음가짐을 가져야 함.
학습 조직 조성	글로벌 시대에는 매일매일 엄청나게 빠른 속도로 수많은 새로운 지식과 기술이 생성된다. 그러므로 리더들은 개인이나 조직 차원에서 열린 마음(open mind)을 가지고 이러한 새로운 지식과 기술 및 관점을 탐색하고 익히는 것이 필요함.

(출처: 차동옥, 2007)

국제 정치·경제·사회·문화·경영·과학기술 등 다양한 분야에 대해 폭넓고 심도 깊은 지식과 정보를 가지며 세계화된 비전과 문제의식 및 문제해결적 조망을 가진다. 어느 한 지역에 국한되지 않고 청년 실업자가 늘고 있으며, 지구 한

권에서는 하루 4만 명 이상의 아동이 기아로 허덕이고 있다. 노년층이 확대되면서 소외 계층도 늘어나고 있고, 희귀한 질병이 지구 생태문제와 함께 부각되고 있다.

한편 국내·외 기업에서 글로벌 리더의 조망은 글로벌 스탠다드(global standard)로 부각되어 활용되고 있다. 글로벌 스탠다드는 '세계 표준'이라는 말로 번역할 수 있다. 전 세계적인 제품 생산과 보급 및 가치를 포함하는 개념이었으나 이상 기업과 경제에 국한되는 것이 아니라 스포츠, 문화, 공연에 이르기까지 국수주의나 쇄국정책을 넘어서는 것을 요구하게 되었다.

또한 세계 수준의 국내·외 기관에서의 인턴십 및 온라인 활용 소통을 통한 글로벌 경험(global experience)이 포함된다. 대학생 해외 체험 배낭여행, 해외 인턴십 및 국제학술 교류활동, 국내·외 유관기관 네트워크 참여도 증가하고 있다. 부가하여 글로컬 리더십(glocal leadership)이라는 용어도 나오고 있는데, 글로컬(Glocal)은 글로벌(global)과 로컬(local)을 합친 신조어로 국제화·세계화와 함께 현지화·지역화를 추구하는 용어이다.

반기문 UN 사무총장의 글로벌 리더십

1970년도에 외무고시에 합격한 반기문은 UN 사무총장이 되었다. 성공가능성이 높지 않았던 반기문의 UN 사무총장 선거에서 도움이 된 것은 그동안 쌓았던 작은 인연들이었다.

콘돌리자 라이스 전 미국무장관도 그의 태도를 높이 평가하여 부시 대통령의 생각을 바꾸는 데 기여했다.

반기문의 성공은 국내에서나 해외에서 작은 인연을 소중하게 다루었던 그의 기본적인 태도에서 UN 사무총장이라는 보답으로 되돌아왔던 것이다.

참·고·문·헌

강성복·정택진 역 (2006). 데일 카네기 인간관계론. 리베르 출판사.

강승희·조석희 (2004). 언어 영재 교육의 필요성과 방향 탐색. 영재 교육 연구 14(1), 91-114.

곽삼근 (2006). 청소년 리더십 교육 프로그램 개발 기초 연구. 이화여자대학교 리더십 개발원.

권순희·석예은·이형주·정재은(2011). TV 홈쇼핑 화장품 판매에 나타난 쇼호스트의 구매 설득 말하기 방식. 세계한국어문학, 6, 93-119.

김미숙·전미란 (2005). 영재의 리더십 육성을 위한 기초연구 및 프로그램 개발 I : 영재 리더십의 사회적 기대와 구성요인 분석. 서울: 한국교육개발원.

김미숙·유효현·전미란·박춘성(2007). 영재 리더십 프로그램. 한국교육개발원.

김미영 (2010). 대학생 리더십 프로그램 개발 연구. 대한공업교육학회지, 35, (1), 239-256.

김민정 (2007). 대학생의 셀프 리더십 개발에 영향을 미치는 학습자 변인 연구. 이화여자대학교 박사학위청구논문.

김성회 (1984). 주장행동의 요소. 경북대학교 학생생활 연구소.

김영채 (1999). 창의적 문제해결: 창의력의 이론, 개발과 수업. 서울: 교육과학사.

박권생·손기준 공역 (1991). 여섯 가지 사고모. 서울: 교육과학사.

박성민 (2002). Self-leadership 프로그램 효과 분석: K기업 사례. 연세대학교 대학원 석사학위 논문.

박영숙·제롬 글렌·테드 고든·엘리자베스 플로레스큐 (2012). 유엔미래보고서. 교보문고.

박현중·이종건·성상현 (2001). 디지털 시대의 e협상: 협상매체에 따른 협상전략과 협상 성과에 관한 비교 연구. 경영학연구, 30, 2, 583-622.

변상우 (2012). 글로벌 리더를 위한 리더십 개발과 훈련. 도서출판 청람.

서미경 (2008). 목소리 디자인: 성공을 좌우하는 보이스 톤 매너 전략. 중앙북스.

서미경 (2010). 스피치 교육 프로그램이 의사소통 능력과 리더십에 미치는 효과. 화법연구, 17, 137-167.

서미옥 (2012). 도덕딜레마에 나타난 대학생의 5가지 도덕지향. 교육학연구, 50(2), 25-50.

손태원 (2004). 조직행동과 창의성. 서울: 법문사.

송정란 (2006). 스토리텔링의 이해와 실제. 문학아카데미.

신용국·김명소·한영석 (2009). 셀프리더십 척도(Revised Self Leadership Questionnaire) 타당화 연구. 우리나라 대학생을 중심으로. 한국심리학회지. 학교, 6(3), 313-340.

신용섭 외 (2004). 리더십의 이론과 실제. 서울: 학지사.

안재원 편역 (2006). 수사학. 서울: 도서출판 길(Cicero, M. T. 원작. Partitiones oratoriae 역)

엄우용·전명남 (2006). 좋은 수업 만들기. 계명대학교 교수학습지원센터.

우한용 외(2010). 언어·문학 영재교육의 가능성 탐구. 한우리북스.

유평준 (2010). 섬김의 리더십에 대한 인식. 창조와 혁신, 3(2), 251-280.

이경순 (2003). 인간관계와 의사소통. 현문사.

이동길·남상권·신태수 (2013). 글 읽기와 말하기, 다듬기. 보고사.

이동은 (2009). 한국어 말하기 숙달도 시험의 고찰을 통한 말하기 과제의 개발 방안.

이명현 (2012). 설화 스토리텔링을 통한 구미호 이야기의 재창조-드라마 〈내 여자 친구는 구미호〉에 나타난 주체와 타자를 중심으로. 문학과 영상. 봄호, 35-56.

이병진 (2003). 교육리더십. 서울: 문음사.

이상민 (2009). 사회문화예술교육 프로그래밍에 있어서 스토리텔링 기법 적용에 관한 연구-노인 연극을 중심으로. 예술경영연구, 15, 27-42.

이종현·김정태·노언주·이슬아(2011). 모의유엔-글로벌 리더 만들기 프로젝트. 늘품프레스.

장해순·강태완 (2005). 스피치 교육이 커뮤니케이션 능력과 불안감에 미치는 영향. 한국언론학보, 49(1), 163-191.

장혜영 (2012). 발표와 토의-분석적 듣기와 비판적 말하기를 위한 이론과 실습. 커뮤니케이션북스.

전명남 (2002). 상상과 창의성의 관계 분석. 교육심리연구, 16(1), 163-181.

전명남 (2004). 학습전략 업그레이드. 연세대학교 출판부.

전명남 (2006). 토의식 교수법· 토론식 학습법. 계명대학교 출판부.

전명남 (2007a). 질문·발표·토의능력 기르기. 손연아·이석열·이은화·이희원·장상필·전명남·조용개 공저. 성공적인 대학생활을 위한 학습전략. 학지사.

전명남 (2007b). 질문·발표·토의능력 기르기. 손연아·이석열·이은화·이희원·장상필·전명남·조용개 공저. 성공적인 대학생활을 위한 학습전략 포트폴리오. 학지사.

전명남 (2009). 윌리엄 앤 메리 대학의 인문사회영재 교육 사례. 한국영재교육학회 춘계학술대회 발표논문집.

전명남 (2012). 상상과 창의성 개발: 상상공학과 창의공학. 대구한의대출판부.

전명남·권대훈·박혜숙(2010). 창의적 문제해결력 프로그램: 기초. 한국교육개발원.

전명남·권대훈·박혜숙(2010). 창의적 문제해결력 프로그램: 심화. 한국교육개발원

전명남·김영채·박윤배 (2003). 과학 영재아의 상상 과제 수행에 대한 질적 분석. 교육심리연구, 16(3), 221-233.

전명남·신수정·강현석·조철기 (2008). 인문사회 영재교육 교수학습 자료: 나도 방송 작가. 한국교육개발원.

전명남·신수정·강현석·조철기 (2008). 인문사회 영재교육 교수학습 자료: 지구가 아파요. 한국교육개발원.

전명남·신수정·강현석·조철기 (2008). 인문사회 영재교육 교수학습 자료: 두 얼굴을 한 문명. 한국교육개발원.

전명남·신수정·강현석·조철기 (2008). 인문사회 영재교육 교수학습 자료: 문명 사회의 새로운 출구. 한국교육개발원.

전명남·신수정·강현석·조철기 (2008). 인문사회 영재교육 교수학습 자료: 문화의 숨은 뿌리. 한국교육개발원.

전명남·신수정·강현석·조철기 (2008). 인문사회 영재교육 교수학습 자료: 사회, 문화의 지평을 넓히다. 한국교육개발원.

전명남·신수정·강현석·조철기 (2008). 인문사회 영재교육 교수학습 자료: 우리가 살아가는 사회. 한국교육개발원.

전명남·신수정·강현석·조철기 (2008). 인문사회 영재교육 교수학습 자료: 위대한 탄생. 한국교육개발원.

전명남·신수정·강현석·조철기 (2008). 인문사회 영재교육 교수학습 자료: 이야기 나라. 한국교육개발원.

전명남·신수정·강현석·조철기 (2008). 인문사회 영재교육 교수학습 자료: 인간과 정치의 만남. 한국교육개발원.

전명남·신수정·강현석·조철기 (2008). 인문사회 영재교육 교수학습 자료: 책은 내 친구. 한국교육개발원.

전명남·신수정·강현석·조철기 (2008). 인문사회 영재교육 교수학습 자료: 학문의 숨은 뿌리. 한국교육개발원.

전명남·신수정·강현석·조철기 (2008). 인문사회 영재교육과정. 한국교육개발원.

전은주 (2008). 한국어 말하기 교육. 박영순 편저(한국어와 한국어 교육). 한국문화사, pp.365-399.

정순현 (2006). 다원주의 사회에서 공적 말하기: 말하기의 고전적 전형과 윤리적 문제. 스피치와 커뮤니케이션, 5, 103-127.

조선희·전명남 (1998). 유아의 비판적 사고를 촉진하는 질문에 대한 탐색적 연구: QFCT

의 활용가능성에 대한 유치원 교사의 지각과 5세 유아의 직접적 반응을 중심으로. 미래유아교육학회지, 5(2), 249-270.

조의제 (2002). 셀프 리더십과 커뮤니케이션이 직무만족에 미치는 영향에 관한 연구. 경남대학교 경영대학원 석사학위논문.

주동범 (2012). 담임교사의 변혁적 리더십이 중학생의 자기효능감에 미치는 영향. 한국교원교육연구, 29(2), 1-23.

진성희·김태현 (2010). 공과계열 대학생을 위한 맞춤형 테크노 리더십 캠프 프로그램 개발. 한국공학교육학회, 13(6), 111-121.

차동옥 (2007). 라이벌 리더십. 서울: 크레듀.

채주석·이길환·김찬중 (2011). 변혁적 리더십이 조직구성원의 창의성에 미치는 영향. 대한경영학회지, 24(5), 2617-2640.

한국카운슬러협회 인천광역시지회 (2002). 성공하는 청소년들의 습관 형성 프로그램.

한민희 역 (1999). 모모. 비룡소.

한영석·김명소 (2010). 셀프 리더십의 성별 차이 및 대학생활 효과성에 미치는 영향. 한국심리학회지: 여성, 15(2), 215-233.

허경철 외 (1989). 사고력 신장을 위한 프로그램 개발 연구. 서울: 한국교육개발원.

Anthony, J. (1980). *How do you rate as a listener.* San Diego Realtor.

Baer, J. (1998). The case for domain specificity of creativity. *Creativity Research Journal, 11*, 173-177.

Barnowe, J. T. (1975). Leadership and performance outcomes in a research organization: The supervisor of scientifist as a source of assistance. *Organizational Behavior and Human Performance, 14*, 264-280.

Bass, B. M. (1985). *Leadership and performance beyond expectation.* New York: Free Press.

Bender, T. (2003). *Discussion based online teaching to enhance student learning: Theory, practice and assessment.* Sterling, Virginia : Tisha Bender.

Bennis, W. (1989). On becoming a leader. Reading, MA: Addison-Wesley.

Brookfield, S. (1987). *Developing critical thinkers.* Sam Francisco: Jossey-Bass.

Brookfield, S. D. (1987), *Developing Critical Thinkers: Challengong Adults to Explore Alternative Ways of Thinking Acting.* Milton Keynes: Open University Press.

Brookfield, S. D., & Preskill, S. (1999). *Discussion : As a way of teaching.* San Francisco:

Jossey-Bass Pub.

Burley-Allen, M. (1982). *Listening: The forgotten skills.* John Wiley & Sons, Inc.

Burns, J. M. (1978). *Leadership.* New York: Harper & Row.

Campion, M. A., Medsker, G. J., & Higgs, A. C. (1993). *Relations between work group characteristics and effectiveness: Implications for designing effective work groups.* Personnel Psychology, 46, 823-850.

Cienki, A., & M·ller, C. (2008). *Metaphor and gesture.* John Benjamins Publishing Company.

Cohen, S. G. (1994). Designing effective self-managing work teams. In M. M. Beyerlein & D. A. Johnson(Eds.). *Advances in interdisciplinary studies of work teams: Theories of self-managed work teams*(pp. 67-102). London: JAI.

Cottrell, S. (1999). *The study skills handbook.* Basingstoke: Macmillan.

Cottrell, S. (2001). *Teaching Study Skills and Supporting Learning.* Basingstoke: Palgrave.

Do, S. L., & Schallert, D. L. (2004). Emotion and classroom talk : Toward a model of the role of affect in students' experiences of classroom discussions. *Journal of Educational Psychology, 96*, 619-634.

Ennis, R. H. (1984). Problems in testing informal logic, critical thinking reasoning ability. *Informal Logic, 6*, 1, 3-9.

Ennis, R. H. (1989). *The Rationality of Rationality: Why Think Critically?* Philosophy of Education.

Eyre, M. (2003). Speak easy: The essential guide to speaking in public, Griffin Press.

Feist, G. J. (1999). The influence of personality on artistic and scientific creativity. In R. J. Sternberg (Ed.), *Handbook of creativity* (pp. 273-296). New York: Cambridge University Press.

Fisher, R., Ury, W. & Patton, B. (1991). Getting to yes: Negotiating argreement without giving in. NY: Houghton Mifflin.

Freeley, A., & Steinberg, D. (2005). Argumentation and debate: Critical thinking for reasoned decision making, eleventh ed. Belmont. CA.: Wadsworth,

Fulton, R. D. (1989). *Critical thinking in adulthood.* A paper submitted to the Kellog Center for Adult Learning Research. Montana State University.

Gladstein, D. (1984). Groups in context: A model of task group effectiveness.

Administrative Science Quarterly, 29, 499-517.

Guzzo, R. A., & Shea, G. P. (1992). Group performance and integroup relations in organizations. In M. D. Dunnette & L. M. Hough (Eds.), *Handbook of industrial & Organizational Psychology*. (2nd Ed., Vol. 3, pp. 269-313). Palo Alto, CA: Consulting Psychologists Press.

Hackman, J. R. (1988). The design of work teams. In J. W. Lorsch(Ed.). *Handbook of organizational Behavior*, (pp. 315-342), Englewood Cliffs, NJ: Prentice Hall.

Holtz, L., Roddick, A., Tracy, B. (2000). *Secrets of superstar speakers*. McGraw-Hill.

Jackson, M. (2002). *The politics of storytelling*. Museum Tusculanum Press.

Jago, A. G. (1982). Leadership: Perspectives in theory and research. *Management Science, 28*, 3, 315-336.

Johnson, D. W., & Johnson, F. P. (2003). Joining together: Group theory and group skills. 8th Ed., Allyn & Bacon(박인우·최정임·이재경 역(2004). 협동학습을 위한 참여적 학습자. 아카데미프레스).

Jonassen, D. H. (2011). *Learning to solve problems: A handbook for designing problem-solving learning environment*. Routledge.

Jones, J. M. & Safrit, R. D. (1994). *Developing critical thinking skills in adult learners through innovative distance learning*. Paper presented at the International Conference on the Practice of Adult Education and Social Development(Jinan, China, April 13-18.

Kemmis, S. (1985). *Action research and the politics of reflection*. In D. Boud, R. Keogh & D. Walker (Eds.), Reflection: Turning experience into learning. London: Kogan Page.

Kendon, A. (1982). *The study of gesture: Some remarks on its history*. Recherches Semiotique/Semiotic Inquiry 2, 45-62.

Kets de Vries, M. F. F., & Korotov, K. (2011). *Leadership development*. The International Library of Critical Writings on Business and Management.

King, L. (1994), *How to talk to anyone, anytime, anywhere: The secretes of good communication*. Three Rivers Press.

Kirkeby, O. F. (2008). *The virtue of leadership*. Copenhagen Business School Press.

Kline, T. J. B. (1999). *Remaking teams: The revolutionary research-based guide that put theory into practice*. San Francisco: Jossey-Bass.

Kline, T. J. B. (2003). *Teams that lead: A matter of market strategy, leadeship skills, and executive strength*. Lawrence Erlbaum Associates.

Kotter, . P. (1990). *A firce for change : How leadership differs from management*. New York: Free Press.

Kotter, J. P. (1990). *A force for change: How leadership differs from management*. Boston: Harvard Business School Press.

Lambros, A. (2004). *Problem-based learning in middle and high school classrooms*. Corwin Press.

Landsberg, M. (2000). The tools of leadership. HarperCollingBusiness.

Lane, H. W., Maznevski, M. L., & Mendenhall, M. E. (2004). Hercules meets Buddha. In. H. W. Lane, M. Maznevski, M. E. Mendenhall, & J. McNett(eds.) The handbook of global management: A guide to managing complexity. Oxford: Blackwell, 3-25.

Lipman, M. (1988). Critical Thinking: What can it be? *Educational Leadership, 46*, 1.

Lipman, M., & Sharp, A. M., & Oscanyan, F. S. (1980). *Philosophy in the classroom*. Philadelphia: Temple University Press.

MacCarthy, C. L. (1992). *Why be critical? On the justification of Critical Thinking*, Philosophy of Education.

Mackoff, B., & Wenet, G. (2000). *The inner work of leaders: Leadership as a habit of mind*. American Management Association.

Manz, C. C. (1986). Self-leadership toward an expanded theory of self-in organization. *Academy of Management Review, 11*, 3, 585-600.

Manz, C. C., & Sims, H. P. (1987). Leading workers to lead themselves: The external leadership of self-managing work teams. *Administrative Science Quarterly, 32*, 106-128.

Margerison, C. J. (2002). Team leadership. Thomson.

McDrury, J., & Alterio, M. (2002). *Learning through Storytelling in Higher Education: Using reflection & experience to improve learning*. Kogan Page.

McGrath, J. E. (1964). *Social psychology: A belief indtroduction*. New York: Holt, Rinehart & Winston.

McLeod, A. (2007). *Self-coaching leadership: Simple steps from manager to leader*. Jossey-Bass.

Mendenhall, M. E., Osland, J. S., Bird, A., Oddou, G. R., Maznevski, M. L. (2008). Global leadership: Research, practice and development. Routledge.

Miculka, J. (2007). *Speaking for success*. Thomson South-Western.

Mills, D. Q. (2001) *e-Leadership: Guiding your business in the new economy*. Prentice Hall Press.

Mobley, W. H., & Dorfman, P. W. (Eds.). (2003). Advances in global leadership. Elsevier Science Ltd.

Mohram, S. A., Cohen, S. G., & Mohrman, A. M., Jr. (1995). *Designing team-based organizations: New forms for knowledge work*. San Francisco: Jossey-Bass.

Moon, J. (1999). *Reflection in learning and professional development*. London: Kogan Page Limited.

Morgan, N. (2003). *Give your speech, change the world*. Harvard Business School Press.

Moriarty, T. A. (2003). *Finding the words: A rhetorical history of South Africa's transition from apartheid to democracy*. Praeger Publishers.

Neck, C. P., & Manz, C. C. (1996). Thought self-leadership: The impact of mental strategies training on employee cognition, behavior, and affect. *Journal of Organizational Behavior, 17*, 445-467.

Nice, S. E. (1999). Speaking for impact. Allyn & Bacon.

Norman, R. D. (2002). Creativity and leadership in the 2st century firm. Elsevier Science Ltd.

Northouse, P. G. (2013). Leadership: Theory and Practice. 6th Ed. Sage Press.

Nussel, F., Van-Stewart, A., & Cedeno, A. (2001). A course on humanistic creativity in later life: Literature review, case histories, and recommendations. *Educational Gerontology, 27*, 697-715.

Parker, J. P., & Begnaud, L. G. (2004). *Developing creative leadership*. Portsmouth, NH: Teacher Ideas Press.

Paul, R. W. (1990). *Critical Thinking: What every Person Needs to Surce in A Rapidly Changing World*. California: Center for Critical Thinking and Moral Critique. Sonoma state university.

Pearce, J. A., & Ravlin, E. C. (1987). The design and activation of self-regulating work groups. *Human Relations, 40*, 751-782.

Pfenninger, K. H., & Shubik, V. R. (2001). The entangled bank: An introduction. In K. H. Pfenninger & V. R. Shubik (Eds.), *The origins of creativity*, (pp. xi-xvii). New York: Oxford University Press.

Piechowski, M. M. (1991). Emotional development and emotional giftedness. In N. Colangelo, & G. A. Davis(Eds.), *Handbook of gifted education*. 285-306.

Prussia, G. E., Anderson, J. S., & Manz, C. C. (1998). Self-leadership and performance outcomes: The mediating influence of self-efficacy. *Journal of Organizational Behavior. 19*, 523-538.

Puccio, G. J., Mance, M., & Murdock, M. C. (2011). Creative leadership: Skills that drive change. 2nd Ed. Sage.

Ritter, K., & Medhurst, M. J. (2003). *Presidential speech writing: From the new deal to the Regan revolution and beyond*. Texas A & M University Press.

Rost, J. C. (1991). *Leadership for the twenty-firtst century*. New York: Praeger.

Rost, J. C. (1993). *Leadership for the twenty-first century*. Westport, CT: Praeger.

Runco, M. A., & Nemiro, J. (2003). Creativity in the moral domain: integration and implications. *Creativity Research Journal 15(1)*, 91-105.

Rybold, G. (2006). *Speaking, listening and understanding: Debate for non-native English speakers*. IDEBATE Press.

Sabin, A. (2009). You' re on!. Howtobooks.

Schön, D. (1991). *The reflective turn: Case studies in and on educational practice*. New York: Teachers College Press.

Scriven, R. C. (1985). Critical for survival. *National Forum. 65*, 1, 43-46.

Spiegel, D. L. (2005). *Classroom discussion : Theory & practice*. New York: Scholastic.

Stam, G., Ishino, M. (2011). Integrating gestures: The interdisciplinary nature of gesture. John Benjamins Publishing Company.

Stogdill, R. M. (1974). *Handbook of Leadership*. A survey of the literature, New York: Free Press.

Sundstrom, E., Demeuse, K. P., & Futrell, D. (1990). Work teams: Applications and effectiveness. *American Psychologist, 45*, 120-133.

Tierney, P. (2008). Leadership and employee creativity. In J. Zhou & C. E. Shalley (Eds.), *Handbook of organizational creatiativity*(pp.95-124). New York: Erlbaum.

Tierney, P., Farmer, S. M., Graen, G. B. (1999). An examination of leadership and employee creativity: The relevance of traits and relationships. *Pernonnel Psychology, 52*, 591-620.

Tjosvold, D., & Tjosvold, M. S. (1991). *Leading the team organization*. New York: Lexington Books.

Van Linden, J. & Fertman,C. (1998). Youth Leadership, A Guide to Understanding Leadership Development in Adolescents. San Francisco: Jossey-Bass Publishers.

Van Tassel-Baska, J., Johnson, D. T., & Boyce, L. N. (1995). *Developing verbal talent*. Boston, MA: Allyn & Bacon.

Warburton, N. (1996). *Thinking from A-Z*. London: Routledge.

Wellens, R. S., Byham, W. C., & Wilson, J. M. (1991). Empowered teams. San Francisco: Jossey-Bass.

Wellesley College (2003-2004). *Public speaking program*. Training manual.

West, M. A., Borrill, C. S., Dawson, J. F., Brodbeck, F., Shapiro, D. A., & Haward, B. (2003). Leadership clarity and team innovation in health care. *Leadership Quarterly, 14*, 393-410.

Wilder, I. (1999). 7 steps to fearless speeking. John Wiley & Sons, Inc.

Williams, D. L, & Stein, I. (2007). *Uniting the nations through Model United Nations*. International Youth Support.

Zhou, J. (2008). Promoting creativity through feedback. In J. zhou & E. Shalley (Eds.). *Handbook of organizational creativity*(pp. 125-146). New York: Lawrence Erlbaum.

저자소개

전명남

교육학 박사

mjun@dhu.ac.kr

현) 대구한의대학교 교직부 교수
학습컨설팅 전문가(수련감독)
한국 창의력 교육학회 이사
한국영재교육학회 이사
한국교육심리학회 이사·운영위원

전) 한국학술진흥재단 post-doc.
Harvard University 학습기술 과정 수료
연세대학교 교육개발센터 학습지원부장 역임
계명대학교 교수학습지원센터 초빙교수 역임
(학회지원) 한국 토랜스(Torrance) 한국본부 창의력 Future Problem Solving Progrm 연구위원 역임
(대학지원) 영진 영유아창의성 개발 연구소 프로그램 개발 연구자
(정부지원) 교수-학생 능력개발 프로그램 개발 연구자
(정부지원) 창의적 문제해결력 프로그램 개발 연구책임자
(정부지원) 인문사회 영재교육 프로그램 개발 연구책임자

발표와 토론을 위한 성공 스피치와 리더십

초판 1쇄 인쇄 2012년 7월 25일
초판 3쇄 발행 2015년 8월 31일

지은이 | 전명남
삽 화 | 김다슬
펴낸이 | 김기섭
편집인 | 홍정희
펴낸곳 | 창지사 www.changjisa.com
153-802 서울시 금천구 가산디지털 1로 83 파트너스타워1차 (9F, B1F)
전화 (02) 719-2211~3
팩스 (02) 701-9386
등 록 | 1977년 4월 28일 · 제1-421호

ISBN 978-89-426-0669-6 (93190)

값 10,000원